DU MÊME AUTEUR

Diagonale de l'Évasion, BoD - Books on Demand, 2019.

Laurent Larbalette

TRAVERSÉE ENCHANTÉE

De Wadern à Montmorillon à pied

© 2025 Laurent Larbalette
Crédit photographique : Laurent Larbalette

Édition : BoD · Books on Demand, 31 avenue Saint-Rémy, 57600 Forbach,
bod@bod.fr
Impression : Libri Plureos GmbH, Friedensallee 273, 22763 Hamburg (Allemagne)

ISBN : 978-2-3221-1547-1
Dépôt légal : février 2025

« Dans chaque traversée, il y a un paysage qui se dessine et un horizon qui se révèle. »
René Char

« Je suis, en racontant mes voyages, comme j'étais en les faisant : je ne saurais arriver. »
Jean-Jacques Rousseau

À Béa, à Bastien, Maxime et Elsa, à Zoé et Yuna.

*À tous ceux qui m'ont accueilli, qui m'ont hébergé,
qui ont partagé un repas ou un bout de chemin avec moi.*

Mille mercis à Jacques Marzac pour son aide, ses précieux conseils et surtout son amitié.

Je n'ai pas mis longtemps, aux premiers jours d'août 2022, en revenant de Brest, pour prendre la décision d'ajouter un troisième opus à mes aventures pédestres à travers la France. En réalité, dès mon arrivée le 30 juillet, repartir s'imposait comme une évidence, une nécessité. Et cette fois-ci, plus encore qu'à la fin de ma première diagonale de Menton à Montmorillon en 2018.

J'avais vécu si intensément pendant 53 jours, en suivant le chemin des douaniers en Bretagne du Sud, en traversant la Brière, puis en remontant la Loire et la Vienne, que je croyais impossible qu'un événement encore plus heureux m'arrive. Le sentiment de plénitude qui dominait lorsque, dans l'effort, jour après jour, le corps et l'esprit avançaient en parfaite harmonie, était sans nul doute pour moi la meilleure représentation possible du bonheur. Si l'on ajoute à cela la beauté et la variété des paysages traversés et l'émotion qu'ils évoquaient, la richesse des rencontres et la découverte d'un patrimoine exceptionnel, il m'était impossible d'imaginer qu'il pouvait y avoir de plus beaux projets que celui de recommencer.

Et puis, les années défilant à l'horloge de ma vie, en prenant conscience de la chance que j'ai de pouvoir m'engager à nouveau sur une épreuve physique relativement douce, mais toutefois exigeante, je pense qu'il n'y a certainement pas d'autres situations qui me permettraient de me sentir aussi vivant. Car finalement, le bien-être physique et moral qui résulte de ces longues itinérances supplante toutes les contraintes et anesthésie les douleurs dans une forme de résilience extrêmement bénéfique.

Je dois ajouter à ma réflexion un volet supplémentaire qui donne une autre destination à mon projet de vie. Né en 1958, je fais partie de cette génération dorée qui n'a finalement connu aucune souffrance, qui a bénéficié grâce au progrès technologique incessant d'un niveau de vie relativement élevé dans un pays industrialisé et en paix, et qui a su profiter des opportunités pour tirer son épingle du jeu. Je fais aussi résolument partie de cette frange de la population qu'on désigne sous le terme d'éco anxieux. Ce qualificatif peu enviable aux yeux de beaucoup trahit un point de faiblesse que ne peuvent afficher les grands leaders économiques. Je crois en la science, j'ai en horreur les discours démagogiques des climatosceptiques et autres complotistes et je suis absolument convaincu que l'humanité sous sa forme actuelle court à sa perte. Pour autant, je ne suis pas exemplaire, loin de là, et nombre de mes habitudes et de mes activités ne concourent pas à améliorer mon impact sur le réchauffement climatique. Je fais ma part de mal à la planète. Je continue le plus souvent à tirer le meilleur profit de cette vie de privilégié que je me suis construite au fil des années. J'abuse de cette société de consommation qui m'a comblé de tant de satisfactions matérielles.

Bien sûr, partir deux mois à pied ne changera pas la courbe dramatique de l'augmentation de la température mondiale, mais elle me réconciliera peut-être avec cette petite voix intérieure qui m'invite à être meilleur. Et pas seulement dans les intentions !

Les longues marches nous ramènent toujours à notre condition d'homme en révélant cette fragilité que la technologie et le progrès scientifique ont fait oublier durant des décennies. À pied, au cœur de la nature, on prend mieux conscience de ce que l'on est vraiment. L'humilité nous transforme au fur et à mesure que la liberté s'offre à nous. En cela, mes traversées m'ont appris à être plus respectueux du vivant. J'en tire une forme de plénitude, d'apaisement.

En 2017, Sylvain Tesson m'avait inspiré ma première diagonale. Comme lui, cette aventure m'avait aidé à me reconstruire après une sortie de carrière professionnelle ratée. Cette première grande itinérance m'avait révélé une dimension différente et heureuse de ma vie. Ce chemin autant géographique qu'intérieur m'avait transformé. En 50 jours, j'étais devenu quelqu'un d'autre. Mais, accaparé par cette transformation intérieure et, certainement, par l'incertitude de la réussite, je n'avais pas su tirer parti des découvertes qui auraient sublimé mon entreprise. Je ne les avais même pas identifiées dans la préparation de mon parcours. Seul comptait l'objectif de marcher obstinément vers ma cible et d'assurer le succès de chaque étape, jour après jour.

En 2022, après les années perdues passées à « survivre » au Covid, ma deuxième traversée s'inscrivait, au départ, dans une logique de continuité de la première. Il me fallait finir le travail en prolongeant cette ligne droite sur laquelle se situent Menton, Montmorillon et Brest. Enfermé dans cet objectif de réhabilitation dans la société, cinq ans après ma cessation d'activité, j'étais encore en thérapie. Mais, souvent, c'est bien connu, on part pour une raison et l'on arrive pour une autre. Sur le GR 34, était venue s'ajouter rapidement une donnée qui allait changer ma vision du chemin. J'ai eu à gérer pendant la moitié du parcours des douleurs permanentes consécutives à des ampoules larges et profondes sous les deux pieds. La cheville gauche et le genou droit ont alors, tour à tour, payé le tribut de cette marche incertaine et déséquilibrée que je leur imposais, bien involontairement. J'avais ainsi passé le plus clair de mes soirées à soigner mes maux et de mes matins à préparer mes pieds pour retarder chaque jour l'apparition des douleurs. Ainsi ai-je presque autant fréquenté les pharmacies que les boulangeries.

Lors de la deuxième moitié, à partir du Morbihan, ayant pris le dessus sur ces problèmes physiques récurrents et dompté la douleur, j'ai pu enfin me libérer l'esprit, sortir de la marche mécanique forcée pour accorder davantage d'intérêt à mon environnement. Je devenais touriste, donnais plus d'importance aux sites traversés, voire dirigeais mes pas vers des curiosités locales. Je n'hésitais plus, parfois, à rallonger ma route pour découvrir le monde.

Il m'avait fallu presque 2000 km et trois mois de marche en itinérance pour accéder à une nouvelle dimension. Cette expérience allait me servir, car il était évident que je ne pouvais pas m'arrêter après Brest.

À la frustration et à la sensation de manque engendrées par la sédentarité retrouvée, je répondais par une projection en 2024 d'une nouvelle traversée de la France. L'idée de partir de Strasbourg et d'aller visiter des contrées inconnues, les Vosges, le Jura, le Morvan, s'est imposé dès les premiers jours d'août 2022. Quelques amis voyageurs, mais surtout d'infatigables défenseurs de l'amitié franco-allemande initiée en 1968 par la signature d'une convention de jumelage entre Wadern, ville de La Sarre, et Montmorillon, sous-préfecture de la Vienne, me proposèrent alors un départ de Wadern.

Toutes les occasions sont bonnes pour se retrouver, évoquer des souvenirs pour les uns, découvrir pour les nouveaux, approfondir ses connaissances en découvrant le patrimoine et l'histoire de sa ville jumelle, faire des rencontres bien sûr, et en toute convivialité, trinquer et partager la table et le gîte. Justement, ces occasions ayant fait défaut pendant toute la période de la crise sanitaire qui a paralysé le monde entier, cette suggestion de départ de Wadern tombait très bien. Une délégation montmorillonnaise serait heureuse de m'accompagner. Je ne savais même pas où placer Wadern sur une carte. Peu importe, avant même de me plonger dans la géographie allemande, j'étais enthousiasmé par cette idée d'allier mon projet d'itinérance à travers la France au projet de rencontre des comités de jumelage.

Wadern se situe à environ 50 kilomètres au nord de Sarrebruck, dans le land de Sarre et la région de Merzig-Wadern entre Sarrebruck et Trèves. Dans la préparation de mon parcours, j'avais relevé deux jours de marche en Allemagne avant de franchir la frontière au sud de Sarrebruck. Puis je m'en irai rejoindre les Vosges que je souhaitais découvrir du nord au sud sans pour autant suivre tous les détours du GR 5. Initialement, je prévoyais de traverser la France d'est en ouest en quittant les Vosges. Mais cette première version tracée en suivant autant que possible des chemins balisés s'avérait bien trop courte, bien trop brève. Je décidais donc de pousser la découverte du Jura jusqu'au sud de Pontarlier, en traversant le Territoire de Belfort puis en suivant les gorges du Doubs et la frontière suisse. Une étape à Besançon s'imposait et, pour m'y rendre, je m'offrirai deux journées dans la vallée de la Loue. Je suivrai ensuite le GR 59 jusqu'à Arc-et-Senans, puis je traverserai la forêt domaniale de Chaux par le GR 59A jusqu'à Dole. Deux étapes plus loin, j'entrerai dans les vignobles de Bourgogne — appelés climats — où je m'octroierai une escapade jusqu'aux portes de Dijon pour traverser les plus renommés d'entre eux. Viendra alors l'heure de rentrer à la maison en passant par Autun et le Mont-Beuvray pour le plaisir d'une dernière ascension. Après avoir franchi la Loire à Imphy, je ferai un court passage à Nevers avant de rejoindre le Berry. Je cheminerai dans treize départements avec un record de treize jours dans le Doubs et seulement trois kilomètres et demi et une nuit dans l'Allier. Sur ma feuille de route, les soixante étapes pour autant de journées de marche consécutives représentent 1414 kilomètres et 30 000 mètres de dénivelé.

Entre la première version et le dernier tracé, un an et demi s'est écoulé. La préparation d'une telle aventure est un travail de longue haleine. Comme un plat qu'on laisse mijoter, il faut le mettre à feu doux et revenir régulièrement pour s'assurer que tous les ingrédients, à chaque étape de sa confection, seront bien ajoutés en bonne quantité et au bon moment. Cette phase de conception est palpitante. Elle permet de partir à l'exploration de terres inconnues tel un aventurier. Internet et la fibre ont démultiplié les possibilités d'acquérir des connaissances dans tous les domaines. La recherche en ligne est aisée. Il suffit d'un peu de curiosité, de quelques guides structurés et de temps pour les compulser. Ainsi, bien installé dans son fauteuil, on peut relever les sites à visiter et les inclure dans un tempo de marcheur en tenant compte de trois facteurs essentiels : la distance, la lenteur et la fatigue. Le point de chute de chaque étape est fixé par le prochain hébergement trouvé dans un rayon de vingt à trente kilomètres. Je n'emporte pas de tente et je ne dors pas à la belle étoile. La douche, qu'elle soit chaude ou froide, est un incontournable à l'arrivée. Associée à une nuit de sommeil dans un vrai lit, elle est la base d'une récupération physique minimale. Je ne saurais m'en passer. Et puis, je n'ai plus l'âge de bivouaquer. Ces choix font de ma traversée une route unique et personnelle. Mais elle ne sera jamais la route idéale. Celle qui permettrait de tout visiter en minimisant la distance et le temps. Ma traversée est un compromis issu parfois d'une longue négociation intérieure. Ce n'est ni flânerie, ni vagabondage, ni course effrénée, mais souvent un peu des trois. Et puis je me réserve toujours la possibilité d'user de la liberté de modifier mon chemin à tout moment. Au fil des rencontres, il y aura des interlocuteurs pour conseiller de passer plutôt ici que là. Voilà en quoi consiste la conception du chemin. C'est une promesse renouvelée chaque jour et des points de repère ajoutés de loin en loin. Une vallée encaissée, un beau village, un sommet au panorama réputé, une chapelle ouverte, un lieu chargé d'histoire, un château en ruines, une source miraculeuse, et même des personnes inconnues qu'une seule conversation téléphonique donne envie de revoir, constituent des points d'ancrage sur le chemin.

5 mars 2024. Dans trois mois commencera ma traversée enchantée.
Tous les hébergements sont réservés ; je peux maintenant finaliser le tracé au mètre près, puis l'enregistrer sur mon téléphone et ma montre connectée. Je complète mon tableau de bord que j'imprime en plusieurs exemplaires. Si la technologie me trahit, je pourrais me rabattre sur une méthode manuelle éprouvée. On apprend de ses erreurs, mais aussi de ses succès. L'expérience de mes deux premières traversées, et notamment le fait qu'à deux reprises en Bretagne, j'avais enregistré des adresses erronées, doit théoriquement me permettre cette fois de faire un sans-faute. Le hasard n'a guère d'espace pour s'exprimer dans cette préparation millimétrée, mais je sais qu'il réussira à s'immiscer dans le parcours pour le transmuer en aventure.
Dans quel lieu et à quel moment ? Surprise !

Menton – Montmorillon en 2018 : 1150 km en 50 jours
Brest – Montmorillon en 2022 : 1300 km en 53 jours
Wadern – Montmorillon en 2024 : 1414 km en 60 jours

Il me reste désormais à faire mon sac et à me préparer physiquement. Faire son sac est un exercice jubilatoire qui dure aussi longtemps que la préparation du parcours. Il faut d'abord avoir un bon sac de la bonne taille. J'avais beaucoup appris de ma première expérience de Menton. Je m'étais engagé dans les montagnes de l'arrière-pays niçois avec le premier sac venu que j'avais payé moins de cent euros. Après 250 kilomètres de maltraitance, le sac était à l'agonie. Il s'était déchiré et était devenu inutilisable. Il avait fallu en urgence en acheter un nouveau à Sisteron. J'avais eu la chance de trouver dans un magasin de sport un sac d'une contenance correspondant à mes besoins. J'en fus tout à fait satisfait. Je l'avais repris pour la deuxième traversée de Brest en 2022. Mais au terme de ce deuxième périple, quelques signes d'usure m'ont convaincu de le remplacer à son tour avant d'attaquer la troisième grande traversée. Je fis le choix de conserver la même marque « *Gregory* » et j'achetais en ligne un « *Baltoro* » de 75 litres que je savais assez solide pour supporter les 17 kilogrammes que j'allais emporter. Évidemment, tout randonneur plus ou moins chevronné affirmera, sans risque de se tromper, que c'est de la folie de transporter une telle charge sur une durée aussi longue. J'en étais moi-même convaincu. Pour autant, je n'avais pas fait mieux en 2022. J'étais alors certain que la Bretagne, en juin, me réserverait de mauvaises surprises, certainement sous la forme de pluies froides et persistantes. Quel cliché !

Mais cette fois, promis, juré, j'allais travailler de manière scientifique et réfléchie. Je dressais donc une liste détaillée et exhaustive des vêtements, accessoires et denrées indispensables à une autonomie toute relative pendant 60 jours. Voyons… le sac à dos vide : 2500 grammes. Ça commence bien ! Dans la mesure où j'ai décidé de ne pas faire de lessive tous les soirs, je dois emporter des vêtements pour plusieurs jours. Sept paires de chaussettes : 400 g. Sept slips : 386 g. 4 tee-shirts synthétiques : 539 g. Deux tee-shirts en laine mérinos : 345 g. Un short rando : 247 g. Un polaire : 333 g. Une veste de pluie « légère » : 420 g. Et puis des vêtements de loisir que je prends après la douche : 657 g. Sans oublier des sandales suffisamment solides pour faire quelques kilomètres supplémentaires en fin de journée : 768 g. Finalement, les 21 références de la catégorie « vêtements » pèsent 5552 g, puisque je décide de ne pas m'encombrer de guêtres à 128 g.

La trousse à pharmacie complète affiche 470 g sur la balance. Je suis certain qu'elle est pleine de produits inutiles, mais je n'arrive pas à décider lesquels je dois enlever. La trousse vide et le spray désinfectant sont les objets les plus lourds. Que gagnerais-je à ne pas prendre 3 épingles à nourrice et 5 pansements ? Mais je conviens que mes galères de 2022 en Bretagne m'ont convaincu de la nécessité d'emporter un rouleau de film étirable de cuisine et un tube de pommade antiinflammatoire. J'ajoute des pansements contre les ampoules, plus que de raison, ainsi que des bandes adhésives extensibles prêtes à m'enrubanner les pieds. Dans ma tête, il ne fait aucun doute que je vais connaître les mêmes mésaventures douloureuses et je m'y prépare tant psychologiquement que matériellement.

La trousse de toilette est plus lourde : 1143 g. Mais je trouve tellement ridicule que certains osent conseiller de scier le manche de la brosse à dents pour gagner 10 grammes. Quelques feuilles de papier toilette pour un besoin urgent ou parce que ce n'est pas prévu dans un gîte d'étape : 28 g. Une dizaine de doses de lessive dans une boîte plastique solide : 244 g. Et puis j'emporte des accessoires : un porte-carte avec ma carte d'identité, une carte bancaire, ma carte vitale, quelques chèques, un crayon et un carnet pour prendre des notes, quelques sacs plastiques (71 g), quelques mousquetons (50 g), un briquet qui ne me servira certainement à rien. Je n'oublie surtout pas une deuxième paire de lunettes de vue (81 g), car mon aventure virerait au cauchemar si mes lunettes venaient à se briser. Le couteau est essentiel (71 g) autant qu'un bout de ficelle et quelques élastiques (14 g). J'emporte une boussole complètement inutile (25 g). Je ne l'utiliserai jamais car ma montre et mon téléphone la remplacent avantageusement avec toutes les cartes IGN à toutes les échelles imaginables et le GPS embarqués. Mais ça ne fait pas sérieux pour un randonneur, que de partir sans boussole. J'arbitre la lampe frontale pour économiser 72 g. La nuit, je dors, je ne marche pas. Et j'en arrive à la technologie dont je ne saurais plus me passer. Mon iPad dans une poche étanche : 590 g. Mon téléphone : 200 g, la montre connectée : 72 g. Mes écouteurs (47 g) que je n'utilise jamais en marchant afin de profiter au maximum des bruits ambiants de la nature, mais qui pourront m'être utiles pour masquer des nuisances inamicales un soir, à l'heure de trouver le repos et le sommeil. Bien sûr, il faut des chargeurs, des câbles et une batterie supplémentaire pour mon téléphone lorsque les étapes seront trop longues : 285 g. Ce confort technologique qui m'accompagne pèse son poids (1194 g), mais, constituant la base de mon guidage en permanence, il est indispensable et m'évite de transporter des cartes IGN que je devrais changer tous les deux jours.

Enfin, j'emporte quelques victuailles. Elles viendront remplacer le repas que j'aurai oublié de prévoir, le restaurant fermé sur lequel je comptais, le petit-déjeuner non prévu dans la location et la fringale que quelques calories peuvent aisément faire oublier. Des abricots secs : 216 g, quelques barres de céréales : 180 g, une petite boîte de pâté : 83 g, trois compotes en gourdes : 296 g, du pain de mie longue conservation : 300 g. Je prévois deux repas lyophilisés que je ne consommerai peut-être pas : 141 g et quelques sticks de café soluble, de sucre et de lait en poudre : 152 g. Je vais ajouter une bouteille d'eau : 1548 g et ma gourde de 75 cl : 877 g. Ces trois kilogrammes de consommables, avec l'eau transportée, ont l'avantage d'avoir un poids qui va en s'amenuisant au fil du temps. Mais, inévitablement, viendra le moment où il faudra refaire le plein en cours de route.

Je ne vais, bien sûr, pas compter mes deux bâtons de marches télescopiques (1544 g) puisque je les aurai toujours en main. Pas plus que ma paire de chaussures Colombia que je porterai aux pieds : 1220 g à sec. Mais elles seront très souvent beaucoup plus lourdes si la météo du printemps persiste durant mon voyage.

Et voilà comment, grâce à ce travail méticuleux sur un beau tableau Excel, j'arrive à l'inévitable conclusion que mon sac de 2024 pèsera encore 17 kilogrammes. Ce qui sera confirmé d'ailleurs en utilisant un peson électronique après la nième simulation de remplissage.

Pour le randonneur en itinérance, le sac à dos est un compagnon précieux et fragile. Il est fréquent qu'on accorde ainsi plus de soin à son sac qu'à soi-même, notamment pour le protéger des intempéries. C'est bien évidemment le contenu du sac qu'il est primordial de conserver en bon état. Il permet d'assurer autant le confort en soirée que la continuité du voyage le lendemain. Le préparer, le vérifier, le défaire et le refaire, en prenant soin d'étaler devant soi tout son contenu, prend la forme d'un rite qui peut être répété plusieurs fois. Enlever un article, en ajouter un autre selon des informations glanées ici ou là, selon le temps qu'il fait, selon l'humeur du jour, tient aussi de ce rituel. Le contenu du sac ne sera jamais le résultat d'une science exacte. C'est le fruit des expériences déjà vécues, de la forme que l'on veut donner à son aventure et parfois de certaines croyances. Il n'y a ni vérité absolue ni certitude, mais on observe une indiscutable corrélation entre la crainte de subir des situations inconfortables et le poids de son fardeau. Dis-moi de quoi tu as peur et je te dirai ce que tu as dans ton sac.

Rodolphe Töpffer (1799-1846), l'inventeur de la bande dessinée et de la randonnée moderne, avait l'expérience de la marche dans les Alpes, bâton à la main et havresac sur le dos. Il apporte une précision utile sur le chargement qu'un bon randonneur se doit d'emporter :

> *« Il est très bon en voyage d'emporter, outre son sac, provision d'entrain, de gaîté, de courage, et de bonne humeur… Il n'est pas mal non plus de se fatiguer pour que tous les grabats paraissent moelleux… »*

Je charge donc mon sac autant qu'il me plaît, assez pour me fatiguer, et j'y ajoute les quatre additifs suggérés, plus légers, afin d'enchanter ma traversée.

Se sustenter chaque jour est aussi une préoccupation qui nécessite d'anticiper lors de la phase de préparation. Pour chaque étape, je note si le petit-déjeuner est prévu dans la prestation. S'il le faut, je le réserve aussitôt. S'il n'est pas prévu avec l'hébergement, je devrai m'acheter quelques provisions la veille. C'est le repas le plus important de la journée. Celui qui apporte le plus de carburant au moteur.

Il me faut également prévoir un sandwich que je mangerai en chemin en guise de déjeuner. Si j'ai repéré une boulangerie ouverte le jour de mon passage à proximité de mon hébergement ou sur ma route, je case la coche sur ma feuille de route. Sinon, je demanderai à mon hôte s'il peut me le préparer. En dernier recours, je taperai dans les consommables en réserve dans mon sac. La pause méridienne, que je fais plutôt vers 14 heures, est toujours un moment de félicité et une récompense. Mais à la condition que je puisse la prendre dans de bonnes conditions. À l'abri du vent et de la pluie, ou à l'ombre s'il fait trop chaud, et, de préférence, assis. Un banc sur le chemin est une aubaine. S'il m'arrive de trouver une aire de pique-nique aménagée, c'est le Graal. Mais un muret, un tronc d'arbre, un rocher font l'affaire quand je ne trouve pas mieux. Parfois, c'est à même le sol que je dois observer ma pause. Cette année, j'ai prévu un tapis de sol pliable en mousse de 30 par 40 centimètres pour prendre soin de mon arrière-train et garder mon short propre et au sec. Il m'en coûte 50 grammes.

Le dîner n'est pas négligé. Si je peux profiter d'une table d'hôte, je la choisis en priorité. Elle offre l'occasion d'échanges avec ses hôtes ou avec d'autres convives. Ces derniers ne sont généralement pas avares de conversations prolongées et décousues, si l'on s'intéresse à eux, à leur vie et à leurs passions. Copieuses, parfois à l'excès, les tables d'hôtes donnent l'occasion de découvrir les spécialités locales. Elles sont généralement synonymes de plaisir partagé. Toutefois, le plus souvent, je dois chercher à une distance raisonnable de mon hébergement, un restaurant, une pizzéria ou un snack-bar, ouvert le jour de mon passage. Si je trouve, c'est noté en noir sur ma feuille de route. Si je ne trouve rien, l'annotation est en rouge. Il me faudra anticiper l'achat de victuailles sur ma route. Là encore, malgré tout le soin apporté à cette préparation, il y aura des surprises. Des bonnes et des moins bonnes. Je le sais. L'imprévu fait le charme des longues randonnées.

La lente et longue préparation d'un voyage est une occasion unique de le vivre une première fois. Elle dégage déjà l'horizon et vous projette dans des lieux inconnus auxquels votre conscience donne une forme, un aspect, des couleurs qui sont plus ou moins éloignés de la réalité. Mais qu'importe, puisque vous aurez déjà oublié cette première vision lorsque vos pas vous porteront en ces lieux qui se dévoileront lentement, avec sensualité. L'aventure commence en deux dimensions en explorant une carte à la recherche d'un passage. Elle se développe en une troisième quand s'ajoutera le relief et ce qu'il imposera d'efforts et de sueur. Elle s'affine en quatre dimensions avec le temps qui s'écoule imperturbablement et qui pourtant, paraîtra plus ou moins long selon une quantité phénoménale de facteurs qu'on ne peut pas intégrer à l'avance. En cela, l'itinérance est une aventure que Sylvain Tesson décrit en ces termes dans le livre « *L'aventure, le choix d'une vie* » paru aux Éditions Points en 2017 :

> « *Toute expérience qui vous extirpe de vos certitudes, insulte vos habitudes, malmène votre confort, vous précipite dans l'inconnu et vous rudoie le corps en vous offrant de rencontrer des êtres dont vous ignoriez l'existence et dont le destin vous pourvoit des leçons pour le restant de votre vie, toute expérience de ce type pourrait être nommée aventure. Il en va de ces étapes de vie comme de certaines lectures : rien ne sera plus comme avant après elles.* »

Le scénario de mon aventure étant écrit, je dois maintenant me préparer pour un départ que j'ai programmé le lundi 3 juin de Montmorillon en voiture et le 5 juin de Wadern à pied. Au sortir de l'hiver, mon corps est loin, très loin, d'être en condition pour s'engager dans une série de 60 jours consécutifs de marche avec 17 kg de charge. La préparation physique n'est pas la phase la plus amusante. Il est exact que, si je m'étais astreint à marcher régulièrement tout au long de l'année, j'aurais eu moins de peine à m'y remettre. J'estime qu'il me faut faire 500 km pour être en forme. J'établis une programmation grossière qui se décompose en trois phases. La première est le dérouillage des articulations et le réveil des muscles en douceur en mars. La deuxième est la montée en puissance en avril avec des marches de plus en plus longues et répétées autant que possible. La troisième est la mise en condition réelle en mai en portant le sac à dos de plus en plus chargé plusieurs jours de suite. J'envisage un moment de compléter ce programme par des séances de musculation en salle, notamment pour mieux appréhender le port du sac à dos. Mais cette intention restera au rang des résolutions de début d'année qu'on prend juste pour se donner bonne conscience.

En réalité, mon emploi du temps de retraité débordé et la météo printanière très pluvieuse me serviront d'excuses. La vérité se trouve davantage dans le manque de courage et de motivation. Je n'avais pas fait mieux en 2022 dans la préparation de Brest, car j'étais alors convaincu que la marche étant une activité relativement douce, les premières étapes pouvaient servir à finaliser la préparation. Ainsi, je termine mes trois mois de mise en condition avec moins de 300 kilomètres dans les jambes et un sentiment d'inquiétude justifié. Si j'ajoute à cela l'inéluctable vieillissement du corps qui fait qu'à 66 ans les efforts doivent être théoriquement plus astreignants qu'à 60 ou 64 ans, je ne suis pas en totale confiance. Je me rassure toutefois en considérant que ma crainte est concentrée sur les premières pentes raides des Vosges et que j'aurai devant moi six jours pour monter en puissance avant de parvenir à Saverne. J'apprécie de n'avoir eu aucune ampoule pendant ma préparation, mais je ne m'enflamme pas pour autant. Disons que j'attribue cette situation favorable au petit rythme de mes quinze séances étalées entre le 3 mars et le 26 mai.

Lundi 3 juin – de Montmorillon à Wadern (en auto)

La géographie nous adresse parfois des clins d'œil. Je m'étais occupé l'esprit en jouant avec une application créée pour empêcher les humains de voyager. Souvenez-vous, il fut un temps pendant le confinement où il était interdit de se rendre à plus d'un kilomètre de chez soi. Avant d'être complètement levée, cette contrainte fut portée un moment à 100 km. Ce petit outil universel, judicieusement appelé « *Rayon* », permet de dessiner un cercle virtuel d'un rayon de la longueur de son choix.

Je constate que la « *Montmorillon Platz* » — place de Montmorillon — à Wadern est exactement à 583 kilomètres à vol d'oiseau de mon domicile. Ce cercle ainsi tracé passe également par Trèves, Bruxelles, Gand et Bruges vers l'ouest, et par Strasbourg et… Menton vers l'est et le sud. Je partirai donc d'un point aussi éloigné que ma première aventure en 2018. Par la route, le chemin le plus court flirte avec les 700 km et demande près de 9 heures de conduite. C'est celui que Jean, notre chauffeur, a choisi pour rejoindre notre destination.

Ce 3 juin à 7 heures, au pied de l'église Saint-Martial, la délégation montmorillonnaise, presque au complet, embarque. Au soleil levant, je laisse sur ma droite le square Wadern que je vais tenter de rejoindre deux mois plus tard. Mais pas avant. Surtout pas avant. Avant serait un échec !

Douze heures plus tard, le long convoi constitué de deux voitures, qui avaient réussi à se rompre à deux reprises, se resserre pour arriver ensemble place du marché à Wadern. Et là, déjà épuisé par cette longue route, je me répète qu'il faut être toqué pour vouloir faire le double au retour et à pied. Et nous voilà, à peine dépliés au sortir de nos sièges, accueillis à la mairie par Jochen Kuttler. Le premier magistrat de la ville approche d'une échéance importante pour lui puisqu'il remet son mandat en jeu à l'occasion des élections dimanche prochain. Cela ne l'empêche pas de nous accorder du temps pour nous souhaiter la bienvenue.

En descendant du train, seul, à Menton en 2018 et à Brest en 2022, l'entrée en matière était plus simple à décrire. J'étais un anonyme avec son sac à dos pour unique compagnon et je rejoignais bien vite — sous une pluie battante à Brest — mon premier hébergement en ne pensant qu'au grand départ du lendemain. Ici, à Wadern, le prologue est d'une tout autre intensité. Le vrai départ, avec mon compagnon de voyage collé aux omoplates, aura lieu mercredi matin.

Pour l'heure, la sympathique réception organisée par la municipalité de Wadern à la mairie, bien qu'elle soit détendue et amicale, n'en revêt pas moins un caractère protocolaire qui pourrait presque m'intimider. Pour beaucoup de mes compagnons de voyage, cette arrivée en terre amie est synonyme de retrouvailles. Pour moi, c'est la découverte. Je suis accueilli chez Danielle et Bernd qui m'hébergent chaleureusement dans leur demeure. Ils sont retraités. Danielle est née à Metz, elle a travaillé dans un jardin d'enfants et a tenu un magasin de produits bio à Wadern. Bernd a été enseignant de français puis a travaillé au ministère de l'Éducation à Sarrebruck. Lester, leur vieux chien, aspire à davantage de calme et semble moins enthousiaste de me voir. Il souffre de rhumatismes et craint sans doute que sa quiétude ne soit troublée par ma présence. Nous passerons la soirée à parler de nous. L'avantage de se rencontrer à la retraite, c'est qu'on a plus de matière à traiter dans nos discussions que si nous étions collégiens.

Les comités de jumelage en France sont des structures locales destinées à favoriser les échanges culturels, éducatifs, économiques et sportifs entre des villes françaises et leurs homologues étrangères. Les jumelages trouvent leurs origines dans la volonté de promouvoir la paix et la réconciliation en Europe après la Seconde Guerre mondiale. L'objectif était de renforcer les liens entre les nations européennes en établissant des relations directes entre leurs collectivités locales. Il faut, en effet, chercher à dépasser les tensions historiques en favorisant la coopération et la compréhension mutuelle entre les citoyens. Ainsi, dans les années 1950 à 1970, les comités de jumelage, constitués de bénévoles et d'élus locaux, sont apparus au niveau municipal en vue d'organiser des échanges scolaires, des rencontres sportives ou des séjours de vacances. C'est d'ailleurs grâce à un professeur de Wadern en poste à Montmorillon que des échanges ont été initiés avant même la création du jumelage. Nombreux sont les retraités d'aujourd'hui, alors collégiens au début des années 1970, à être encore marqués par ces échanges. Mon épouse est allée deux fois à Wadern quelques années après la création officielle du jumelage. Je ne suis pas le mieux placé pour évoquer ces souvenirs. Je n'étais pas doué pour les langues étrangères et, après l'anglais en première langue au collège, j'avais choisi l'espagnol qui me semblait, à juste titre, beaucoup plus facile que l'allemand. Ainsi, je n'étais jamais venu à Wadern ni n'avais approché le comité de jumelage jusqu'à cette heureuse opportunité.

Le lendemain de notre arrivée, en visite, Bernd se révèle être un guide d'exception. Bien sûr, il parle français. D'une érudition exceptionnelle, il sait tout de sa ville et de son histoire. Nous remontons à Louis XIV, à Napoléon ou à des drames bien plus récents. Il m'explique l'intérêt du grec ancien et du latin. Me raconte la vie d'Octavie de Lassalle von Louisenthal, née à Metz en 1811 et décédée à Dagstuhl en 1890. Elle a grandi dans le château de Dagstuhl où elle a appris la peinture et la musique. Influencée par le romantisme allemand, elle peint des portraits, des scènes de genre ou religieuses, dont la Vierge sur le mur intérieur de la chapelle du château de Dagstuhl. Elle est aussi connue pour ses œuvres de bienfaisance et pour sa vie riche en événements, y compris une rencontre avec le futur empereur Guillaume 1er et une audience privée avec le pape Pie IX.

Bernd me dit avoir écrit un livre sur l'église de Wadern et un autre sur l'hôpital, avant qu'il ne soit fermé et partiellement démoli. En visite, nos pas nous portent jusqu'aux ruines du château fort. J'apprends aussi pourquoi on inscrit à la craie sur le haut des portes des églises et des maisons ce message codé « 20+C+M+B+24 » qui signifie : tout au long de l'an 2024, *Christus*

Mansionem Benedicat (en latin : que le Christ bénisse cette maison), les + représentent des croix symbolisant la bénédiction.

Danielle m'invite à manger de la luzerne et d'autres graines aux vertus bienfaisantes que je pensais réservées au bétail. Elle me propose de mâcher des feuilles de stévia plus saines que le sucre et m'explique les bienfaits du paillage de son potager en laine de mouton brute. Adepte de permaculture et du mélange des essences dans son potager, elle me parle de biodiversité et du respect du vivant. Ce matin, dès potron-minet, Bernd a ramassé 51 limaces avides de salades dans leur jardin. Et, bien qu'il soit convaincu que cet animal peu gracieux, qui pullule cette année en raison des pluies abondantes, est pour le moins nuisible, il déplace au fond de son jardin les voraces mollusques qu'il laisse en vie. Il espère qu'ils ne reviendront pas manger ses légumes. Ou qu'ils mettront beaucoup de temps pour revenir. Demain, il devra recommencer. Au fond de son jardin, sous les arbres, les chevreuils viennent brouter, les abeilles et autres insectes ont un hébergement aménagé au sec et les oiseaux, petits et grands, picorent les graines qu'on leur offre. Juste pour profiter de la richesse de leur présence et de l'harmonie de leurs chants. Leçon de vie et de bien-être. Le dire c'est bien, le faire c'est mieux. Eux, ils le font et ça leur réussit à merveille.

Le repas est copieux et la bière est bonne à l'auberge de Wadrill où nous nous retrouvons tous pour ce dernier dîner avant mon grand départ. L'instant est convivial, les discussions sympathiques et les rires fréquents. Nos amis de Wadern ont la bienséance de s'exprimer en français autant qu'ils le peuvent. Ce n'est pas moi qui saurai leur rendre la pareille quand ils viendront à Montmorillon, puisqu'ils envisagent sérieusement d'être présents à mon arrivée dans deux mois.

J'ai la pression ! Je n'ai pas le droit de les décevoir.

Wadern – Le château et la chapelle de Dagstuhl

Mercredi 5 juin – de Wadern à Lebach (Allemagne)
J1 • 22,8 km • D+ 367 m • D– 423 m • 5h57 • 23 599 pas

C'est le grand jour. Celui que j'attends depuis 22 mois. J'ajuste mon sac à dos et je remplis ma gourde. Nous avons rendez-vous à 8h30 sur la place du Marché, près de la fontaine historique qui symbolise le droit de tenir marché dans la ville depuis 1765. Cette place sur laquelle se situe la mairie jouxte la « *place de Montmorillon* » d'où le départ de ma traversée enchantée doit être donné vers 9h30. C'est un petit événement qui réunit vite un bon groupe de personnes. Outre la délégation montmorillonnaise présidée par Bernard Garnier et le comité d'accueil local emmené par Christoph, Jochen Kuttler est présent malgré son emploi du temps chargé en cette période préélectorale. Il ne manque pas de m'adresser, en français bien sûr, quelques encouragements qui me touchent.

Je fais la connaissance de Joseph, le boulanger en retraite venu un jour à Montmorillon pour apprendre à faire des baguettes et qui avait commencé un « Montmorillon – Wadern » à pied, lui aussi, en 2008. Et quand bien même il s'était arrêté après avoir parcouru 500 kilomètres — si près du but —, ça compte quand même. C'est un collègue forcément. Il est venu m'offrir une assiette garnie d'un pain, d'une saucisse, d'une bouteille de bière locale et de deux verres historiques du jumelage. Je ne les emporterai pas dans mon sac à dos. Mes amis montmorillonnais se chargeront de les déposer chez moi avec quelques vêtements civils que je leur laisse.

Ursula sort son accordéon et entame un « *un kilomètre à pied, ça use, ça use...* » dont chacun connaît l'air depuis son enfance. Il semblerait que cette comptine soit internationale. Nos amis de Wadern ont fait les choses en grand : ils ont invité la télévision régionale. Bernd reste auprès de moi pour la traduction. Ce soir, je passe au journal de la *SR.de*. On y parlera de Montmorillon. J'en suis ravi. À l'heure où les jumelages s'essoufflent au diapason des bénévoles qui les font vivre, ce coup de projecteur fait sens. Je suis heureux d'y participer. Le journaliste qui m'interviewe a prévu plusieurs points de rencontre. Nous nous retrouvons au château de Dagstuhl avec un court passage dans la chapelle décorée par Octavie. Le groupe de marcheurs-accompagnateurs se mue en chorale et entonne un cantique religieux. Je ne comprends rien aux paroles, bien évidemment, mais je suis touché par la grâce de cet instant singulier et émouvant. Quelques kilomètres plus loin, Marie-Catherine et Daniel, font demi-tour. Bernd m'accompagne jusqu'à Dösterhof. C'est ici que je salue, avec émotion, mes guides, mes interprètes et mes hôtes qui m'ont si bien accueilli chez eux. Rolf et sept compagnons marcheurs me guident jusqu'à Lebach. Je laisse le soin « aux professionnels », comme les nomme Rolf, de décider du parcours de cette première étape. J'en avais dessiné un autre, mais ça n'a pas d'importance. Je suis leur invité. Je ne peux en aucune manière m'imposer sur leurs terres. Ce serait assurément déplacé.

Au soir du premier jour, je retrouve ma solitude chérie dans la chambre que mes hôtes de Wadern ont réservée pour moi. Je m'empresse de regarder le reportage sur *SR.de*. Je souris en notant qu'ils m'ont attribué le titre de « *Extremwanderer* ». Sylvain Tesson, dans « *Petit traité sur l'immensité du monde* », donne une définition du *wanderer épris de liberté, une plume au chapeau, un brin d'herbe entre les dents et des poèmes aux lèvres.*

> *« Les vagabonds romantiques allemands cultivaient à la fin du XIXe siècle une certaine manière de voyager. Ils traversaient l'Europe à pied avec l'insouciance de ceux qui ne savent pas le matin dans quelle grange ils dormiront le soir, mais s'en contrefoutent. Il leur suffisait de se sentir en mouvement, environnés de la beauté des campagnes, avec l'âme ouverte à tous les vents. »*

Demain, 28 kilomètres m'attendent pour la dernière étape en Allemagne. Les premières journées sont souvent les plus difficiles. Le corps n'est pas prêt. Je ne suis pas encore rassuré. Aujourd'hui, ça va. On verra demain. Il en sera ainsi chaque soir. Ce soir, ça va, demain, on verra !

Jeudi 6 juin – de Lebach à Sarrebruck (Allemagne)
J2 • 29,7 km • D+440 m • D– 459 m • 6h52 • 28 262 pas

Le beau temps s'est installé sur la Sarre. Une agréable température avec juste assez de soleil pour apprécier l'ombre des futaies. Et juste assez de nuages pour ne pas avoir trop chaud trop longtemps, et pour rendre le ciel moins vide sur les photos. Je pars de Lebach à neuf heures. Il fait 14 °C et il n'y a pas un poil de vent. Les grandes pales des éoliennes qui coiffent les collines alentour sont immobiles. La première montée a tôt fait de mouiller ma casquette et d'embuer mes lunettes. La Sarre est vallonnée et constitue un beau terrain d'entraînement avant les Vosges. Chaque côte est une promesse qu'on doit apprécier en s'obligeant à faire un tour sur soi-même et en levant les yeux vers l'horizon. Une récompense, une mignardise !

Je vais bien. Je ne ressens pas de douleurs. Je sais pourtant qu'une trentaine de kilomètres m'attendent et j'ai une petite appréhension en repensant à ma préparation nullissime d'avril et mai. Cette lacune me hantera encore quelques jours, c'est sûr.

La première partie de cette étape est verte, très verte. La végétation est luxuriante. La seconde partie est plus urbaine à l'approche de Sarrebruck, capitale du land de la Sarre, qui compte 340 000 habitants en incluant toute l'agglomération. Je fais étape en plein cœur de la ville.

Je profite de cette seconde journée en Allemagne et de la disponibilité que laisse la marche pour poursuivre mon rapport d'étonnement. Du fléchage surprenant des sentiers de randonnée, des bancs disposés partout, des « *dogstations* » — aménagements destinés à recueillir les déjections canines — installées jusqu'en pleine nature, les blockhaus perdus en pleine forêt mais sécurisés avec des garde-corps, comme sur les terrasses des immeubles. On y trouve aussi des lampadaires suspendus à des câbles fixés sur les toitures des maisons bordant les rues, des passages piétons à peine matérialisés au sol, des ouvrages d'art étranges en guise de jet d'eau, et tant de détails surprenants.

Mais on ne doit pas se satisfaire des clichés éculés sur la propreté, l'ordre, la rigueur et la discipline. La réalité est plus nuancée selon les lieux. Comme en France, quoi ! Pour autant, je confirme la courtoisie et le respect des automobilistes à l'égard des piétons.

Je croise nombre de marcheurs que je n'interpelle pas comme je le ferai en France. Je ne connais pas trois mots d'allemand. Converser m'est impossible. Et je ne fais aucun effort. Je me contente de marmonner courtoisement un « bonjour » local sous la forme d'un « *Morgen* » ou d'un « *Tag* » selon l'heure de la journée ou encore d'un « *Hallo* », plus familier, en réponse à un autre « *Hallo* ».

Perchés en haut d'une ligne à très haute tension, quatre monteurs assurent la maintenance. On les voit de loin. Pour moi, le marcheur, ces équilibristes sur leur nacelle à 50 mètres du sol assurent le spectacle et captent mon attention pendant plusieurs centaines de mètres. Et vu qu'ils travaillent en toute sécurité — enfin j'espère —, j'ai le temps d'échafauder quelques scénarios loufoques pour m'occuper l'esprit. Je pense : pourvu qu'un étourdi ne baisse pas la manette pour remettre le courant ! Façon « *Si je connaissais le c... qui a fait sauter le pont !* » en référence à cette réplique culte du lieutenant Duvallier, joué par Pierre Tornade, dans le premier et meilleur des trois films de la saga de la « *7e compagnie* », sorti en 1973. C'est idiot les idées farfelues qui peuvent germer dans notre cerveau parfois car mis à part les câbles, je ne vois aucun lien entre le pont et cette ligne à haute tension. Alors, le vert sur le bouton vert, le fil rouge sur le bouton rouge... Alors, le fil vert sur le bouton vert... Alors, se rappeler : le fil rouge sur le bouton blanc, le fil vert sur le bouton bleu...

Demain, au fil de la voie verte, en longeant la Sarre — la rivière —, puis le canal des Houillères de la Sarre, je vais quitter Sarrebruck, traverser Sarreguemines et me rendre à Zetting. Ce sera une étape de 25 kilomètres toute plate. Beaucoup trop plate à mon goût.

Vendredi 7 juin – de Sarrebruck à Zetting
J3 • 29 km • D+ 155 m • D– 128 m • 7h13 • 27 958 pas

C'est fou ce que parfois le progrès nous complique la vie. Hier, c'est pour ouvrir deux portes qu'il s'est manifesté. Loin de la marche, activité première et instinctive qui anime l'essentiel de mes journées, c'est pour accéder à la chambre que j'avais louée pour une nuit qu'il m'a fallu télécharger sur mon *iPhone* depuis *l'AppStore* une application poétiquement nommée *AirKey*. Grâce à un code reçu par e-mail à 13h34 de *Viktoria Résidence* via *Booking.com*, en allemand forcément, cette application devait permettre à mon smartphone de déverrouiller la serrure de l'immeuble, puis celle de l'appartement par *Bluetooth* ! Vous suivez ? Et pourtant, ayant été longtemps un passionné de micro-informatique depuis mon premier *micro* en 1981, on me classerait facilement dans la catégorie des *geeks*. Je serais plutôt à ranger sur l'étagère de ceux que la technologie et la logique binaire n'effraient pas.

Bien sûr, j'y suis parvenu, non sans peine, et cela m'a procuré une sensation de soulagement autant qu'une grande satisfaction, voire de fierté non réfrénée, identique à celle qu'a sans doute connue Archimède quand il a lancé son fameux « *Eurêka* ». C'est le cri que lança le savant grec en comprenant le principe de la poussée qui porte son nom. Il provient du verbe ευρίσκω, heurískô (« trouver »). J'adresse ici un petit clin d'œil à mon ami Bernd qui m'a rappelé l'importance de connaître le latin et le grec. J'ai ainsi pu pousser deux portes et dormir dans un lit. Cette petite aventure illustre à merveille la déshumanisation des relations qui au nom de la simplification ou de la recherche du meilleur profit, prend ici la forme d'une application informatique, et demain, ailleurs, d'une boîte à clé.

Pour mieux profiter de ces lieux inaccessibles la veille, je prends mon temps ce matin dans l'appartement. Il est inutile de me presser. Je ne dois pas arriver à Zetting avant 17 heures. J'en profite pour aménager mon parcours. Je dévierai ma route en passant à Grosbliederstroff pour acheter un sandwich et je ferai ensuite un détour pour visiter Sarreguemines en traversant le centre-ville. Cela me permettra de rompre la lassitude que j'imagine déjà, à marcher sur un chemin de halage aussi horizontal que l'eau de la Sarre ou du canal qu'il borde.

Je quitte Sarrebruck où flotte un agréable parfum de fleurs de tilleuls ; mes premiers tilleuls de l'année. Je me demande s'ils sont aussi fleuris au pays. À propos de pays, avant midi je vais quitter l'Allemagne et revenir en France. Rien de plus simple, il suffit d'emprunter la voie Verte qui remonte la Sarre. Enfin, c'est ce que je croyais car à peine les deux premiers kilomètres bouclés, un imprévu s'est présenté. Le 21 mai dernier, la Sarre sortait de son lit et noyait la voie verte sous deux mètres d'eau ! Les stigmates de cet épisode de « *hochwasser* » — inondation — se traduisent ce 7 juin par un passage « *verboten* » — interdit — sur certaines sections du chemin pour les cyclistes et les marcheurs, fussent-ils « *extremwanderer* » comme moi.

Me voilà contraint d'opérer un demi-tour et de trouver une déviation acceptable, c'est-à-dire pas trop longue. Pensez bien que cette anecdote m'offre l'occasion de broder, là encore, une histoire d'évasion. On m'empêche de rentrer chez moi. Je pense à l'inévitable film « *La vache et le prisonnier* » qui doit être un des premiers films que j'ai vus au ciné-club de mon collège 50 ans plus tôt. Les deux bons kilomètres à zigzaguer entre les ronds-points et les voies rapides pour retrouver plus loin mon chemin de halage me donnent le sentiment que la journée risque d'être longue.

Et elle va l'être. Je n'aime pas les chemins trop plats. Mes jambes non plus. Les douleurs qui ressemblent au syndrome de la bandelette ilio-tibiale se réveillent. C'est une affection qui provoque des douleurs à l'extérieur de la cuisse, juste au-dessus du genou. Entre brûlure et piqûre, la sensation n'est pas agréable. Je ralentis. Je serre les dents et me persuade que ça va passer. Finalement, en trouvant le bon rythme, la bonne amplitude et la bonne vitesse

— moins élevée —, ça tient. Et ça s'estompe au fil des kilomètres.

Je passe la frontière à 11h32 après deux heures de marche et 8,5 km parcourus. Je suis déçu. Je m'attendais à mieux pour matérialiser cette frontière qui n'en est plus vraiment une depuis l'Europe. En comparaison, ne serait-ce que de nos délimitations de département en France, la malheureuse borne en pierre « *0 km* » fait un peu *cheap*. Je suis désormais en Lorraine. Plus loin, à l'écluse n° 30, les trois drapeaux allemand, français et européen, côte à côte, ont une meilleure allure et sauvent la mise.

Après un sandwich italien acheté à Grosbliederstroff, je rejoins Sarreguemines où je visite brièvement l'église Saint-Nicolas du XVIIIe siècle parce qu'elle se trouve sur mon chemin. Je m'arrête aussi au jardin public où se dresse le monument aux morts, face au palais de justice construit sous l'époque allemande en 1903. Par contre, je ne vais pas visiter le musée de la faïence, ni le moulin de la Blies et son musée des techniques faïencières, pourtant unique en Europe. En effet, Sarreguemines s'est fait connaître grâce à son industrie faïencière dont il ne subsiste plus que quelques vestiges dans ses deux musées.

Au bout des 29 kilomètres du ruban de plat bitume, j'arrive à Zetting. Ce fut bien long, effectivement un tantinet monotone, et de surcroît très bruyant en raison des routes qui bordent la Sarre et son canal. Il faut accepter ces étapes de transition. Elles font partie du voyage et même si leur intérêt est limité, il faut positiver en se disant que les mener à leur terme constitue une petite victoire de plus. Comme chaque premier pas de chaque journée.

Ce soir, tout va bien. Je n'ai toujours pas d'ampoule. Ça en devient suspect ! Aurais-je enfin trouvé l'assemblage miracle chaussures-semelles ? Demain, je file vers Vœllerdingen, une commune du Bas-Rhin et d'Alsace, en suivant des sentiers de randonnée balisés avec des croix bleues et des ronds verts, jaunes puis rouges, comme dans les Vosges où j'entrerai dimanche soir.

Sarreinsming (57) – Le moulin sur la Sarre

Samedi 8 juin – de Zetting à Vœllerdingen
J4 • 25,3 km • D+ 457 m • D– 364 m • 6h08 • 23 375 pas

Un beau ciel à l'aurore ne peut que me mettre dans les meilleures dispositions pour avancer gaillardement vers la barre symbolique des cent premiers kilomètres de mon chemin. Avec ce soleil radieux, j'aurais bien aimé visiter l'église Saint-Marcel de Zetting et admirer ses vitraux du XVe siècle qui, paraît-il, sont les plus beaux de Lorraine après ceux de la cathédrale de Metz. C'est étonnant qu'autant de panneaux subsistent encore quand on pense à tous les conflits dévastateurs qu'a connus cette région. Mais la porte de l'église est fermée. Je vais devoir me contenter de son clocher, vu de l'extérieur. Il s'agit d'une tour ronde qui date du IXe siècle. Ce type de tour n'existe que dans la vallée de la Sarre et en Irlande. Le quatrième étage est percé de quatre ouvertures romanes d'où le gardien qui y logeait surveillait les alentours du village pour prévenir les habitants en cas de danger. Ces derniers pouvaient alors se réfugier dans la tour à l'aide d'une échelle.

Je quitte Zetting et la vallée de la Sarre, que je retrouverai plus loin, au prix d'une petite côte qui m'avait manqué hier. Je retrouve vite la quiétude, les chants d'oiseaux et l'ombre bienfaisante des forêts. Finis les moteurs, place à la nature. Finies aussi les pistes cyclables que je n'apprécie que moyennement, surtout quand les vélos vous dépassent à vive allure sans que vous les ayez entendus s'approcher. Rares sont ceux qui actionnent leurs sonnettes, quand ils en ont. Lorsque nous étions gamins, nous accrochions avec deux pinces à linge sur la fourche des roues de nos vélos, en dessous de la dynamo reliée au phare, bien avant que les batteries et les LED voient le jour, un bout de carton qui n'avait pas d'autre but que de faire du bruit en frottant sur les rayons. Nos petites bicyclettes devenaient des motos et nous faisaient grandir de dix ans. Si les cyclistes avaient un petit moteur pour faire assez de bruit et ne plus me surprendre ! pensais-je idiotement. Paradoxe du bruit. Le jeune excité qui dévale à vive allure le chemin forestier sur sa moto de cross en soulevant un nuage de poussière n'a pas mon approbation lorsqu'il me croise dans un sens, puis dans l'autre à son retour. Lui, je l'ai bien entendu venir et j'aurais préféré qu'il s'abstienne. Ma tolérance est bien limitée parfois avec ceux qui ne se déplacent pas à pied.

À l'inverse, le chevreuil que j'ai surpris plus loin sur le chemin recueille tous mes suffrages. On est étonné de constater à quel point les rencontres avec des animaux sauvages sont marquantes lorsque l'on s'engage sur de grands itinéraires à pied. C'est peut-être en raison de leur rareté. C'est sans doute aussi parce que le rapport au vivant est différent lorsque l'on a choisi de s'immerger dans la nature et qu'on s'y sent invité et non conquérant.

Cette petite étape de 25 kilomètres m'a amené au pied du parc régional des Vosges du Nord, à Vœllerdingen, en Alsace. Les dernières montées ont donné le ton de ce qui m'attend bientôt. Je suis prêt. Les indicateurs sont au vert : aucune douleur persistante ne vient perturber ma progression, juste assez pour me sentir bien vivant, j'ai un moral d'acier et l'envie de passer à demain avec une impatience de gosse. Je suis forcément un peu fatigué, mais les sensations sont au-delà de mes espérances. Je n'ai pas de quoi me plaindre. Et il me semble qu'il n'y a pas d'autre endroit sur terre où j'aimerais être plus qu'ici.

À petites gorgées pour mieux l'apprécier, je déguste une bière bien fraîche au Charaban où il y a foule ce samedi soir. Dans ce tintamarre qui tranche avec le calme des sentiers, je commande une pizza aux fruits de mer qui, comme tout le monde le sait, ne fait pas vraiment partie des spécialités alsaciennes incontournables.

Dimanche 9 juin – de Vœllerdingen à La Petite Pierre
J5 • 27,2 km • D+ 550 m • D– 440 m • 7h02 • 26 393 pas

Emmanuel, mon hôte, infirmier libéral, a décampé bien vite ce matin. Tournée oblige. Il m'a laissé sa cuisine et ce que je pouvais y trouver pour concocter mon petit-déjeuner. Je me contenterai de quelques biscottes et d'un café. On ne peut pas festoyer tous les jours. Départ à 9 heures, encore une fois sous le soleil. La température est toutefois un peu fraîche pour un mois de juin. Mais l'allure que j'adopte sur les six premiers kilomètres pratiquement plats ne me laisse pas le temps d'avoir froid.

À Lorentzen, devant le château, un marché de producteurs se met en place. Je n'ai pas prévu de m'arrêter ici pour acheter un sandwich. Je vise plutôt à faire mes emplettes à Diemeringen, quelques kilomètres plus loin.

Quelle n'est pas ma surprise d'y découvrir un centre-ville entièrement sinistré ! Le 17 mai, sous l'effet des pluies diluviennes qui se sont déversées sur les Vosges du Nord, la petite rivière Eichel est passée en quelques heures de 0,60 m à 3,50 m. Tous les commerces, les écoles, les services du centre-ville se sont retrouvés sous plus d'un mètre d'eau. Finalement, me priver de manger à midi est bien peu par rapport à la détresse du boulanger et des autres. Je me satisfais de quelques abricots secs, d'une barre de céréales et d'une compote. Une fois n'est pas coutume et je me rattraperai ce soir au « *Coq blanc* » où j'ai réservé une table.

Cette journée en Alsace Bossue est ma première étape vosgienne. Le parcours est diversifié. C'est une succession de plateaux où prairies, cultures et élevage se partagent l'espace, de forêts domaniales protégées où règnent le calme et les chants d'oiseaux et de villages où les mairies sont grandes ouvertes en ce jour d'élection. Parfois, deux églises, distantes de quelques mètres, se partagent les mêmes villages ; une particularité liée au traité de Westphalie, par lequel Louis XIV s'est engagé à respecter la liberté religieuse des protestants alsaciens.

Adamswiller (67) – La mairie

Je traverse Mackwiller, Adamswiller, Tieffenbach, sans pour autant croiser beaucoup d'humains. À défaut, il m'arrive bien souvent, comme aujourd'hui, de parler aux vaches, aux chevaux, aux moutons et aux chèvres, surtout quand ils me regardent passer. Politesse élémentaire. Une couleuvre à la langue fourchue, à Tieffenbach, et un envol de canards plus ou moins sauvages, à l'étang du Donnenbach, complètent le tableau du vivant et agrémentent ma promenade du jour.

Dans la dernière ligne droite, avant d'arriver à La Petite Pierre, je croise un vrai « *wanderer* » au profil non équivoque. J'apprends qu'il est parti 61 jours plus tôt d'Andorre. Il a entrepris de rejoindre Wissembourg en passant par Mazamet, la Lozère et La Petite Pierre qu'il quitte lorsque j'y arrive. Nous échangeons quelques mots sur le bord de la route. Suffisamment pour, qu'en fin de compte je me convainque que je suis vraiment un amateur à la petite semaine, surtout après qu'il m'ait précisé qu'il allait revenir chez lui dans les Pyrénées en passant par les Alpes. Et tout cela à pied, bien sûr.

Pour ma part, je trouve que la dernière montée vers La Petite Pierre m'a fait mal aux jambes. Le même régime m'attend demain avec une vingtaine de kilomètres pour rejoindre Saverne, une porte vers les Vosges, les vraies ; une récréation avant que les étapes suivantes n'aillent crescendo.

La montagne, ça se mérite.

Lundi 10 juin – de La Petite Pierre à Saverne
J6 • 21,2 km • D+ 399 m • D– 568 m • 6h08 • 21 647 pas

Le beau temps persiste, mais la température est bien basse au réveil ce matin à 380 mètres d'altitude (10 °C). Le vent d'ouest soutenu accentue la sensation de froid. L'étape n'étant pas très longue, je vais traîner et discuter avec Marie chez qui j'ai dormi cette nuit. Marie est première adjointe de sa commune de La Petite Pierre qui compte 632 habitants, mais sept restaurants ! Il faut dire que le lieu est touristique avec son vieux village et son château juché sur un promontoire rocheux. J'irai l'explorer tout à l'heure.

J'ai beau me dire que je fais tout pour me détacher de l'actualité pendant mes pérégrinations, ce matin nos discussions ont trait aux résultats des élections de la veille que nous essayons de comprendre, à défaut de pouvoir les expliquer de façon rationnelle. Et nous partageons sans réserve le même sentiment désespéré plus que révolté. L'humain est décidément bizarre, à vouloir toujours scier la branche sur laquelle il est assis. Mais nous en reparlerons plus loin, bientôt.

Marie m'a préparé un sandwich pour qu'il ne m'arrive pas la même mésaventure que la veille. Elle y ajoute une part du marbré qu'elle a cuisiné pour mon petit-déjeuner et une pomme. Pique-nique royal. Aujourd'hui, pour la première fois depuis fort longtemps, je ne vais pas user mes semelles sur du bitume. La presque totalité des 21 km à parcourir sera en sous-bois, à l'ombre et parfois à l'abri du vent. Les lieux sont propices à une belle immersion dans la nature et le réseau de sentiers vosgiens est suffisamment développé pour éviter les routes et préférer les nombreux chemins forestiers. Mais avant de gagner ces chemins, je m'offre un détour par le vieux village historique. L'église Simultanée Notre-Dame, partagée entre catholiques et protestants, et le château de Lützelstein, à l'extrémité de l'éperon rocheux, valent le détour.

C'est une chance inestimable de pouvoir associer l'action, le mouvement, la liberté que procure l'itinérance avec la découverte des curiosités locales. Mais c'est un choix parfois cornélien, à l'heure de tracer son itinéraire, pour le faire passer ici plutôt qu'ailleurs et savoir, par là même, qu'il faudra se priver de la visite de sites remarquables à peu de kilomètres aux alentours. Je priorise toujours la route qui me ramène chez moi, mon but ultime, même si, comme ici, la direction nord-sud m'éloigne de mon Poitou plus qu'elle ne m'en rapproche. Mais la marche n'est pas flânerie et la contrainte d'avancer chaque jour selon le plan fixé ne me laisse pas une énorme latitude. Le temps compte aussi. Le marcheur impose ses règles au touriste, mais chaque occasion sur le chemin tracé de pouvoir s'émerveiller et s'enrichir ne doit pas être écartée.

Dans la vieille ville de La Petite Pierre, prisée semble-t-il par Goethe en 1770 alors qu'il était étudiant à Strasbourg, des panneaux m'apprennent que René Char, mobilisé en 1939 dans la région, va découvrir à cette occasion le pays de La Petite Pierre et que sa sensibilité poétique en sera marquée. Une place du village porte son nom. Un sentier de randonnée également. Il me fallait profiter de ce patrimoine ce matin car le reste de la journée au cœur des forêts est bien différent, révélant une autre facette de la richesse des Vosges. Des fleurs, des arbres et des rochers avec, en point d'orgue, le Saut-du-Prince-Charles, un bel ensemble de rocs de grès rouges d'une quinzaine de mètres, qui a donné le jour à une légende chevaleresque locale. C'est l'histoire de Charles, prince de Lorraine, qui, sur son cheval sauta du haut rocher pour échapper à des cavaliers ennemis. Ils s'en sortirent indemnes et filèrent jusqu'à Saverne où le coursier tomba et mourut devant l'Hôtel de Ville.

Ce soir, je dors donc à Saverne où je suis arrivé sans avoir à sauter du haut du rocher. Demain, je visiterai rapidement la ville et je passerai des Vosges du Nord aux Vosges Moyennes. 21 kilomètres m'attendent avec beaucoup plus de dénivelés. Après six jours et plus de 150 kilomètres, je ressens de la fatigue et j'ai un peu mal aux jambes.

Saverne (67) – La Grand Rue.

Mardi 11 juin – de Saverne à Dabo
J7 • 24,5 km • D+ 1007 m • D– 749 m • 8h06 • 27 030 pas

La journée a été riche en rencontres et en découvertes. Et ça a commencé au petit-déjeuner ce matin en compagnie de Pascale et Paul. Ils m'avaient hébergé dans leur demeure qui présente une particularité plutôt rare : celle d'avoir un pont privé. Ou plutôt une passerelle par-dessus la rivière la Zorn qui sépare leur maison de leur jardin. Paul et Pascale me racontent comment ils sont allés à Montmorillon visiter la Cité de l'Écrit avec leurs enfants, il a plus de deux décennies, et le bon souvenir qu'ils en ont gardé.

J'ai décidé de prendre mon temps en me disant que 21 kilomètres allaient être une promenade de santé et qu'il ne servait à rien d'arriver trop tôt ce soir. Prétentieux ! J'avais oublié que la promenade du jour était en montagne.

Je pars l'esprit tranquille vers 9h40 et je flâne dans Saverne à la recherche d'un sandwich en découvrant une cité remarquable. La roseraie, le canal de la Marne au Rhin, le château démesuré des Rohan, la mairie, les bâtisses de la Grand-Rue et l'église Notre-Dame-de-la-Nativité : il y a beaucoup à voir. Il y aurait beaucoup à écrire.

Pour quitter Saverne par le GR 53, je commence par une longue montée de 300 mètres. La température est fraîche ce matin. Mais il y a moins de vent que la veille. C'est une belle journée pour randonner. En passant près des planches du sentier de découverte décrivant les espèces végétales locales, je repense à Bernd qui m'expliquait qu'à Wadern, les arbustes derrière les panneaux étaient volés, uniquement parce que le simple fait d'en faire la description leur donnait de la valeur aux yeux des voleurs ignares. C'est un peu comme ces influenceurs qui font des affaires sur Internet et dont le succès n'a rien à voir avec leur mérite, encore moins avec leur savoir et leur expertise, pas plus qu'avec la qualité des produits qu'ils vantent. Je me demande quand même si des individus seraient assez sots pour arracher des « *Ronces des bois* » pour les planter dans leur jardin ou les revendre sur « *leboncoin* ».

Haegen (67) — Château médiéval du Haut-Barr — Vue sur Saverne

Je rejoins bientôt deux randonneurs. J'arrive à leur hauteur et engage la conversation. Je me mets à leur rythme et nous discutons de nos destinations du jour et des suivantes. Nous nous disons aussi d'où nous venons et qui nous sommes. Le plus jeune des deux, qui est plus âgé que moi, habite Vannes. Son frère, plus âgé encore, vit sur les bords de la Garonne entre Agen et Bordeaux. Vannes, ça me parle. Je commence à discuter d'informatique puisque j'y allais pour ça, des années en arrière. C'est le mot qu'il ne fallait pas prononcer. René, l'aîné, 82 ans, est un ancien ingénieur-informaticien formé aux États-Unis et un pionnier dans des domaines technologiques et médicaux de pointe. Notre montée à pas lents vers le château médiéval du Haut-Barr m'a paru bien trop courte. René et son frère ne veulent pas perdre de temps pour rejoindre Wangenbourg. Moi, je fais le touriste et je grimpe au sommet du château. Bien plus loin, je les retrouverai. René se plaignant de maux à ses hanches, leur rythme avait encore baissé. Cette fois après quatre ou cinq phrases, je les double en les saluant. Je ne saurai jamais s'ils ont pu continuer leur périple le lendemain ; leur volonté était d'aller jusqu'au bout du GR 53.

À La Hoube, le GR est accaparé par des forestiers qui remontent quelques troncs de sapins d'une droiture absolue. Je me demande si les arbres tordus ont une espérance de vie plus longue ou s'ils ont encore une place dans ces forêts. Je m'arrête au-dessus de la souche fraîchement tronçonnée de l'arbre n° 7432. Je compte ses cernes. Il a 120 ans ! Sortir comme ça, me dis-je, tiré par un bulldozer aux roues chaînées pour finir chez *Ikea*, dans un parquet ou dans une charpente. Pour autant, cette exploitation forestière me semble être raisonnée et contrôlée. Elle ne ressemble pas aux coupes franches qui détruisent toute une forêt en un temps record et qui fragilisent la repousse dans un contexte de réchauffement climatique et de sécheresses favorisant les maladies.

Pour avoir brillamment traversé le chantier sans encombre, je peux conseiller à une Alsacienne cueillant des myrtilles sauvages d'emprunter le même chemin que moi en faisant abstraction, comme moi, du ruban de signalisation sensé écarter les personnes non autorisées à entrer sur le chantier.

Proche de l'arrivée, le rocher de Dabo est un site remarquable. Je passe à son pied. J'aurais volontiers grimpé jusqu'à son sommet où une tour permet d'admirer les Vosges Moyennes, mais l'entrée payante m'en dissuade ou, plutôt, me sert de prétexte. Je peux comprendre les besoins des municipalités, mais faire payer l'accès à des sites naturels me hérisse le poil !

 Pour terminer cette étape, je vais accompagner trois randonneuses en arrivant à Dabo. Cette petite demi-heure d'échanges chaleureux va ponctuer une journée bien remplie. Mes 21 km prévus deviendront finalement 24 et le dénivelé dépassera les 1000 mètres symboliques.

Oui. Je suis bien arrivé dans les Vosges.

Et les Vosges, la forêt et la nature m'apportent leurs bienfaits que je ne perçois pas de façon concrète et immédiate, car d'autres facteurs comme la fatigue viennent altérer le bien-être procuré par la marche. Les effets positifs tant physiologiques que psychologiques ne sont pas décelables de manière consciente et instantanée. L'hormone du stress — le cortisol — cède sa place aux hormones du bien-être — l'endorphine et la sérotonine — dont la libération est stimulée par la marche. La beauté, le calme, les sons et l'odeur des forêts créent une ambiance apaisante. L'air pur chargé d'oxygène facilite une meilleure respiration et même les *phytoncides*, ces composés organiques volatils émis par les arbres, stimulent les défenses naturelles de notre corps. On peut même ajouter que le cerveau raffole du désordre apparent des forêts, cadre propice à l'apparition d'imprévus, qu'il oppose aux lignes droites, trop bien rangées, trop prévisibles de nos villes et de notre technologie.

Et ainsi, tout va bien pour ma tête et mon corps à qui je vais demander davantage lors des deux prochaines journées.

J'effectue quelques emplettes dans la petite épicerie de Dabo. Ce soir, je suis aux fourneaux pour me préparer une soupe ; il me faut dîner au gîte, car aucun restaurant n'est ouvert à proximité.

Mercredi 12 juin – de Dabo à Lutzelhouse
J8 • 31,5 km • D+ 1040 m • D– 1184 m • 9h05 • 33 542 pas

Ce n'est pas un exploit, mais je suis rudement fier de moi sur cette étape. Après neuf heures debout avec mon sac de 17 kg collé au dos. À la vitesse moyenne ridicule de 3,5 km par heure, je suis arrivé moulu, ratatiné, pulvérisé, ce soir à Lutzelhouse. J'ai parcouru 31,5 km, grimpé 1040 mètres et descendu 1184 mètres ! Je n'avais pas connu d'étape aussi exigeante depuis 2018 et mon premier Menton-Montmorillon. Avec une température de 6 °C au réveil, de 10 °C à l'heure du départ et de 11 °C à 12h30, au point culminant à 961 mètres — car plus on monte, plus il fait froid —, j'ai bu de l'eau fraîche toute la journée. J'ai passé cette longue journée sans faire de rencontre. C'est parfois préférable pour avancer plus vite. Mais trêve d'autosatisfaction ; reprenons cette longue journée dans l'ordre.

Peu après le départ de Dabo, je croise un groupe d'une trentaine de joyeux randonneurs à leur point de rendez-vous avant leur marche du jour et j'entends derrière moi la « cheffe de file » donner du sifflet pour tenter de faire cesser les caquetages couvrant ses consignes.

Moi, je me sens bien dans mon silence, seulement accompagné du matin au soir des gazouillis des oiseaux et du chant des ruisseaux. Je peste contre mon sac qui grince lorsqu'il est trop serré. Un couinement qui devient insupportable quand je n'entends plus que lui à chaque pas. Ça vire à l'obsession. Alors, je desserre un peu une sangle. Je lui lâche la bride. Je n'y gagne pas en confort, mais en quiétude. J'ai bien essayé de passer du savon de Marseille aux points de frottement mais ça s'est avéré d'une efficacité très discutable, pour ne pas dire nulle.

Je vais parcourir la plus grosse partie de cette étape sur le GR 53 tout en m'autorisant quelques écarts. Mais cette année, contrairement à ce que j'avais fait plusieurs fois en Bretagne, alors accablé par des ampoules aux deux pieds, je ne cherche pas à raccourcir la route que j'ai préparée. Je la rallonge plutôt !

Oberhaslach (67) – Cascade du Nideck   Dabo (67) – Amas rocheux

Au programme du jour, quelques rochers étonnants avec des légendes plus ou moins farfelues, comme pour cette première pierre très imposante qui présente des cupules. En archéologie, une cupule est une dépression concave de forme circulaire ou ovale effectuée par un être humain à la surface d'une dalle ou d'un rocher. Les cupules sont généralement de taille modeste ; au-delà de 20 cm on parle plutôt de bassin ou d'écuelle comme c'est le cas ici où l'on peut dénombrer onze bassins creusés sur le rocher. Le but des cupules n'est pas réellement connu, mais leur présence et leur organisation laissent penser qu'elles étaient liées à des libations rituelles — offrande d'un liquide ou d'une boisson pour vénérer un dieu —. Une légende raconte que le Rutschfelsen serait une pierre de fertilité et que les femmes en mal d'enfants qui venaient y glisser à pieds joints augmentaient leur chance d'enfanter. L'aspect lisse, usé, du rocher laisse supposer qu'un nombre important de femmes ont tenté l'expérience. Selon d'autres sources, les cupules auraient été creusées en 1679 par les soldats du général Montclar pour y fondre les boulets de canon nécessaires au siège et à la prise du château de Dagsburg.

Sinon, entre amas rocheux, cols aux noms imprononçables, ruisseaux et cascades — comme celle du Nideck à Oberhashach, tout près d'un château médiéval en ruines —, ou encore ces paysages grandioses dévoilés par une clairière ou un rocher en aplomb, cette longue étape de montagne ne peut pas être qualifiée de monotone. Bien au contraire.

À mon arrivée à Lutzelhouse, je dois m'asseoir sur le pas de la porte et attendre patiemment qu'on me fournisse le bon code de la boîte à clés. Eh oui, le sésame donné par mon hôte est erroné. C'est un comble ! En juin, les journées sont longues, même dans les Vosges. Il ne pleut pas. Je peux rester un peu dehors. Ce n'est pas grave si la douche et la pizza du soir sont retardées d'une demi-heure ; ma vie de nomade s'accommode aisément de tous ces petits aléas mineurs. L'essentiel est fait de liberté, de grand air et de tant de petits plaisirs disséminés sur le chemin.

Jeudi 13 juin – de Lutzelhouse à Bellefosse
J9 • 29 km • D+ 1374 m • D– 958 m • 9h14 • 32 164 pas

Quelle journée encore une fois ! Une journée bien trop courte pour parvenir à tout faire et gérer l'intensité physique d'une étape hors norme avec ses 29 kilomètres et ses 1374 mètres de dénivelé positif. Mais aussi une étape avec une charge émotionnelle particulière pour se terminer à l'opposé avec le bien-être apporté par l'accueil chaleureux de Brigitte en sa demeure.

Mais commençons par le début. La route. Je dois dire qu'elle était belle et variée à l'image du temps. Un peu frais le matin et puis ensoleillé. Dire que j'ai grimpé par des chemins au profil très pentu pour dépasser pour la première fois la barre des 1000 mètres, toujours plus haut, et qu'il n'y fait pas chaud sous le vent, là-haut. Dire que j'ai vu des ruisseaux enchevêtrés, des cascades bouillonnantes, des arbres par milliers, des fleurs et des insectes. Toujours le chant des oiseaux dans les forêts et celui des grillons dans les prés. Dire que j'ai retrouvé le plaisir de remplir ma gourde d'eau de source et qu'elle était bonne et fraîche. Dire tout ça, c'est me redire et répéter le bonheur du chemin. Mais pourquoi s'en priver ? Il me faut aussi souligner que les pensées se bousculent dans ma tête toute la journée. Enfin surtout durant les premières heures car la fin est trop accaparée par le corps qui se recroqueville sous l'effet de la fatigue et des inévitables douleurs. Le cerveau doit alors gérer tout ça.

Le matin, je marche, avec moi-même pour seul compagnon. Et je pense, je pense, je pense… je pense que mon entreprise n'a beau être qu'une futilité, un amusement, une aventure égoïste, voire un tant soit peu bourgeoise, il m'arrive aussi et fort heureusement de rester connecté aux réalités. Celle d'aujourd'hui — un peu —, et celles du passé, beaucoup.

Sur ces terres des Vosges où je déambule avec désinvolture, je n'oublie pas que s'y sont déroulés des drames absolus, des scènes d'horreur où des hommes, soldats de l'oppression ou soldats de la liberté, ou rien de tout ça parce qu'ils n'étaient juste pas au bon endroit, au bon moment, avec les

« bonnes » idées, se sont entretués ou se sont fait massacrer. Le GR 532 que je parcours depuis ce matin m'amène au camp de concentration de Struthof près de Natzwiller. Un lieu choisi en 1941 en raison de la proximité d'une carrière de granit rose que les nazis voulaient exploiter. À Struthof, de 1941 à 1944, parmi les 45 000 déportés qui franchiront les portes, entre 18 000 et 22 000 seront exterminés. Pour la plupart, on ne saura jamais ni leur nombre exact ni leur identité.

 Je ne visite pas le camp. Je ne détourne pas ma route vers les vestiges de la chambre à gaz et du four crématoire, je n'ai pas besoin de voir pour savoir. Pour comprendre. Sortant de leur bus ou s'apprêtant à y remonter, des dizaines de collégiens en classe de troisième et des lycéens, venant de France et d'Allemagne, sont invités, dans le cadre des voyages scolaires de fin d'année, à venir s'informer de l'horreur afin de prendre conscience de ce qui s'est passé ici et ailleurs en Europe. On appelle ça le devoir de mémoire. Mais leur explique-t-on que l'histoire va inéluctablement se répéter et qu'il leur appartiendra demain de veiller à maintenir le monde en paix ?

 Il faudra bien le leur expliquer car visiblement, leurs aînés en âge de voter n'ont pas dû visiter Struthof, ou Auschwitz, pour donner crédit aujourd'hui à certains, dont les idées nationalistes, teintées de haine et de rejet des autres, sont clairement affichées comme leur solution pour un monde « meilleur ». Toutes les démocraties enfantent des monstres qui savent à merveille user de la crédulité des masses — appauvries matériellement et intellectuellement — pour les faire adhérer à leurs idéologies destructrices. Lorsque les peuples sont sous influence, ils passent vite sous le joug d'une minorité ultrariche et violente. Sur cette Terre de plus en plus fragile, où les ressources naturelles s'amenuisent inéluctablement, la lutte sera féroce pour s'accaparer les richesses des autres et le peu qu'il reste à exploiter sur notre planète.

 Alors il faut leur dire que le devoir de mémoire ne peut se résumer à une stèle, à un drapeau flottant au vent de la liberté retrouvée ou à une gerbe déposée sur une tombe ou sur les cendres éparpillées de 22 000 êtres humains.

Le devoir de mémoire, c'est répéter sans cesse qu'il ne faut pas refaire les mêmes erreurs que par le passé dans des circonstances comparables. Il ne faut pas faire confiance à ceux qui prônent la haine. La barbarie n'est pas éteinte. Elle couve comme les braises sous les cendres.

> « Elle clame un numéro. C'est le mien. Je pars en évacuation demain. Ainsi, je me suis donné tant de peine pour rien. J'ai refusé de mourir. J'ai tout fait pour guérir. Et tout cela pour rien. Pour aller crever sur une route en marche forcée vers Dachau. Et la marche commence. Un pas. Encore un pas. Un autre pas. Puis un autre. Tout est tendu vers l'effort. Marcher. Chaque pas exige un je veux. Je veux. Autrement, c'est la mort, au bord de la route, d'une route inconnue… »

Brigitte Friang, *Marche autant que tu pourras*, (Éd. du Sextant, 2004).

Je m'arrête à Natzwiller pour manger mon sandwich sous un abri, avant d'attaquer la dernière belle ascension de la journée qui m'emmène au Champ-du-Feu à 1000 mètres d'altitude.

Dans la forêt de Neuviller-la-Roche, la cascade de la Serva prend la forme de plusieurs chutes d'eau successives lorsque le ruisseau de la Serva perd 500 mètres d'altitude entre sa source à Champ-du-Feu et sa confluence avec la Rothaine. Elle est moins spectaculaire que la cascade du Nideck croisée hier, mais elle anime cette longue montée. La légende dit qu'une fée à la chevelure verte et soyeuse comme les herbes du ruisseau et vêtue d'une robe argentée vit dans les eaux limpides du torrent. Lorsque l'on ne respecte pas la nature, elle se met en colère et fait souffler un vent glacial sur les sommets vosgiens. Ces histoires de fée sont bien frivoles en comparaison avec la gravité des lieux foulés ce matin, me dis-je. Mais ainsi va la vie. C'est une succession de drames et de charmes, de peines et de joies, de pleurs et de rires.

Alors oui, ce soir, après cette longue et éprouvante étape jusqu'à Bellefosse, le repas préparé par mon hôte, Brigitte, et partagé au coin du feu en parlant de mille choses est un vrai réconfort !

Vendredi 14 juin – de Bellefosse à Fouchy
J10 • 19,5 km • D+ 777 m • D– 1125 m • 6h08 • 21 756 pas

Il pleut. Cette nuit, la pluie sur les fenêtres de toit de ma chambre m'a réveillé dans la petite commune de Bellefosse, à 700 mètres d'altitude. Et ce matin, pour la première fois depuis mon départ de Wadern, je vais devoir me préparer à marcher sous la pluie, ce qui ne m'enchante guère. Aussi, ce matin, dans l'attente d'une hypothétique éclaircie et parce que l'étape du jour est moins sévère que celle d'hier, je vais prendre mon temps.

Hier soir, j'ai été invité à dîner par Brigitte qui, elle-même randonneuse au long cours, avait anticipé le risque que je ne trouve pas de point de restauration à proximité. Nous avons fait connaissance et discuté toute la soirée de nos vies respectives et de nos passions. Ce matin, nous avons remis ça, alors qu'elle m'avait préparé un copieux petit-déjeuner.

Je quitte sa maison peu avant dix heures, profitant d'une petite accalmie. Mais la trêve sera de courte durée. La pluie revient et, marchant dans les hautes herbes, je me retrouve rapidement avec les pieds trempés. Brigitte m'avait conseillé de grimper en haut du château ruiné de la Roche pour admirer la vue sur Bellefosse. Je ne suis pas son conseil car pluie battante et panorama ne font généralement pas bon ménage. Je file vers le col de la Charbonnière à 960 mètres d'altitude.

La pluie cesse et, à l'abri du vent dans la descente, je décide de quitter ma veste imperméable juste avant qu'il ne pleuve à nouveau, modérément. En résumé, jusqu'à mi-chemin de l'étape, ce n'est vraiment pas excitant. Il faut faire avec.

Près de la salle des fêtes de Steige, est aménagé un abri en bois où l'on peut s'asseoir. Des livres sont mis à la disposition des lecteurs de passage. Comme au Cap-Sizun en Bretagne deux ans plus tôt, j'y trouve la « *Bicyclette bleue* » de Régine Desforges. Petit clin d'œil montmorillonnais.

Steige (67)

Je me repose ici quelques minutes en laissant sécher mes chaussettes sous un timide soleil. Je grignote ce que je trouve dans mon sac et rédige mon journal de la veille.

Le village de Steige possède son personnage célèbre en la personne de Joseph Meister. Il s'agit du premier être humain vacciné contre la rage. Le 4 juillet 1885 sur le chemin de l'école, Joseph, âgé de 9 ans, est mordu à quatorze reprises par le chien de l'épicier de Maisonsgoutte, un village voisin. L'animal attaque aussi son maître. Considéré comme enragé, il est abattu par les gendarmes. Le jeune Meister est conduit à Villé, chez le docteur Weber qui lui prodigue les premiers soins et conseille à sa mère de l'emmener à Paris. Les médecins Vulpian et Grancher qui l'examinent le 6 juillet à Paris estiment que l'enfant va contracter la rage et certainement en mourir. Louis Pasteur accepte que son vaccin soit expérimenté par le docteur Jacques-Joseph Grancher. Ce dernier administre un traitement de 10 jours, avec une dose plus forte chaque jour. Le garçon ne développera pas la maladie. Pasteur publie ce premier cas de vaccination antirabique d'un sujet humain. La renommée de cette expérience réussie permet de lancer une souscription à l'origine de la création de l'Institut Pasteur. En 1912, après avoir échoué dans la boulangerie, Joseph Meister sollicite un emploi à l'Institut Pasteur. Il est embauché, échappe à l'enrôlement dans l'armée allemande pendant la guerre et devient gardien de l'Institut en 1918. Joseph Meister est mort à Paris le 24 juin 1940 à l'âge de 64 ans. Dans trois semaines, le 6 juillet, j'arriverai à Dole et j'ai prévu d'aller visiter la maison où Louis Pasteur est né le 27 décembre 1822.

Ce soir à Fouchy, petite bourgade voisine de Lalaye, dans la vallée de Villé, j'ai terminé ma dixième étape. J'ai parcouru 260 km et monté 5560 mètres. J'ai toujours cette foutue inflammation qui me brûle les deux cuisses lorsque je vais à un bon rythme en descendant. Mais ça va ! C'est bon, ça va ! Ça va bien, même ! Je ne pensais pas que j'arriverais à négocier ces premières étapes de montagne avec autant de facilité.

Samedi 15 juin – de Fouchy à Sainte-Marie-aux-Mines
J11 • 19,8 km • D+ 678 m • D– 618 m • 5h50 • 21 982 pas

Il y a des jours sur lesquels je préfère ne pas m'appesantir. Ce 15 juin en fait partie. La journée commence plutôt bien. Il a plu copieusement en fin de nuit mais la météo prévoit des éclaircies à partir de neuf heures.

Nos sympathiques discussions avec Alain, mon hôte, après le petit-déjeuner, s'éternisent. Mon étape du jour est relativement facile avec ses 19 kilomètres et moins de 700 mètres de montées. Je vais donc attendre une amélioration des conditions météo avant de lever le camp. J'en profite pour aller chercher des victuailles à la boulangerie de Lalaye et visiter l'église Sainte-Aurélie rénovée grâce au loto du patrimoine de Stéphane Bern, selon les dires d'Alain.

Je quitte Fouchy par le sentier des sabotiers, conseillé par mon hôte. C'est bien par là que j'avais prévu de passer. La montée est abrupte. Les raidillons endolorissent mes mollets encore froids. J'ai bon espoir d'atteindre le col de Fouchy, 300 mètres plus haut, avant que le ciel ne me tombe encore sur la tête. J'y parviens sans faillir. Petite victoire sans prétention comme l'est chaque montée. Car tout sommet, même le plus modeste, est un petit succès.

La suite n'est que pluie et vent pendant toute la descente vers la vallée du Rombach où avec l'accord du gardien, je m'arrête dans le camping quasi désert pour manger mon sandwich à l'abri. À l'abri, oui, mais debout sous le modeste bâtiment en dur qui regroupe les douches, les éviers et les commodités collectives ! Les tables et les bancs sont dehors, sous la pluie.

Non, cette journée ne pouvait pas se passer correctement.

D'abord, je dois avouer que j'avais réservé deux chambres d'hôtes pour hier soir. Une à Fouchy, où j'étais en chair et en os, et une à Sainte-Marie-aux-Mines où je ne risquais pas d'être à 22 heures lorsque Lysbeth m'a appelé, inquiète de ne pas me voir arriver. Vérifications. Méprise. Plates excuses. Fort heureusement, Lysbeth est conciliante. Pleine de compassion, elle accepte de m'héberger le lendemain, car une chambre est libre. Je m'en sors bien.

Merci juin et sa météo pourrie ! Je suis au beau milieu d'une journée pluvieuse où j'ai failli ne pas avoir d'hébergement le soir. Alain m'avait prévenu que même les noms des lieux-dits ne donnaient guère envie de s'enthousiasmer : Noirceux, Froidegoutelle, Pierreusegoutte, Navégoutte et Goutte Martin seront peu ou prou des hameaux sur ma route ! J'évite La Chambrette qui aurait pu être un lieu plus chaleureux et plus douillet.

Bref, c'est un jour sans ! Et cela va se confirmer puisque je quitte le camping en y oubliant ma gourde. Pas question d'opérer un demi-tour lorsque je m'en rends compte, trop longtemps après avoir quitté la vallée. La pente est trop raide pour que je la grimpe deux fois. Et puis, je ne risque pas de souffrir de la soif aujourd'hui. Je décide à cet instant que je remplacerai ce récipient par une nouvelle gourde ou une bouteille selon ce que je trouverai en route.

La pluie cesse bientôt mais un vent violent prend le relais au point que j'en garde ma veste de pluie jusqu'à Sainte-Croix-aux-Mines où, enfin, le soleil daigne réapparaître. Je suis à quatre kilomètres du but et j'ai toujours les pieds trempés.

Sainte-Marie-aux-Mines, au creux du Val d'Argent, a été marquée par des siècles d'exploitation minière, puis par l'industrie du textile. Les plus grandes marques de haute couture s'approvisionnaient ici avant que cette activité industrielle ne disparaisse à son tour. Ce soir, je dors dans une ancienne filature qui a gardé son cachet de maison de maître. Il aurait été dommage que je rate cette étape. Lysbeth m'a préparé un potage pour me réchauffer. Elle me conseille d'y ajouter quelques gouttes de pastis de Marseille. Peut-être est-ce là une variante de notre chabrot du Limousin qui consiste à allonger la soupe avec du vin rouge, mais pas d'un grand cru généralement. L'originale recette de Lysbeth est meilleure pour moi, sans aucun doute.

Demain, direction Le Bonhomme. Une étape plus courte mais très raide ; il va me falloir être en forme.

Dimanche 16 juin – de Sainte-Marie-aux-Mines à Le Bonhomme
J12 • 17,6 km • D+ 1139 m • D– 566 m • 5h43 • 19 799 pas

Avec ses petits 17 kilomètres, cette étape du dimanche pourrait presque ressembler à un jour de répit propice à la récupération. Mais en réalité, sortir du Val d'Argent pour gagner les sommets ne se fait pas sans effort. Demain, lundi, je serai arrivé au point culminant de ma randonnée, au sommet du Hohneck, à 1363 mètres. En attendant, je dois rejoindre un hôtel de randonneurs sur le GR 5 à 943 mètres, trois kilomètres après Le Bonhomme.

Je laisse Lysbeth et sa maison d'hôtes, La Clé d'Alsace, non sans en emporter quelques souvenirs photographiques. J'aime ces demeures qui ont une histoire et qui ont su traverser le temps sans perdre ni leur âme ni leur authenticité. J'aime être ce passager qui, le temps d'une soirée, peut s'inscrire un court moment dans cette histoire qu'on devine plus qu'on ne la connaît.

À deux semaines près, j'aurais pu assister au salon international « *Minerai et Gem* » qui, chaque année depuis 1963, occupe tout le village, regroupe plus de 1000 exposants et attire plus de 40 000 visiteurs. Sainte-Marie-aux-Mines est situé sur un important réseau de failles géologiques où le sol contient du gneiss, une roche riche en matières métallifères. Au fil du temps, les eaux de ruissellement ont dissous ces matières et les ont transportées dans des fractures géologiques. Ainsi se sont créés des filons argentifères qui furent exploités par l'homme de l'an 938 à 1940, en creusant près de 1100 mines au total.

La matinée va être fraîche, pardon, froide, et dure. La route, le chemin puis le sentier qui montent pendant six kilomètres ne laissent pas beaucoup de répit aux mollets. Ils n'offrent pas non plus de quoi se distraire. La forêt et encore la forêt. Pas de point de vue. Aucune trouée, aucune clairière ouvrant sur des prairies, des vallées. Rien. Je peux rester bien concentré et avaler 765 mètres de dénivelé en 2h20. Il fait froid à 1122 mètres quand le soleil se cache et que le vent se lève. Mais il ne pleut pas, c'est déjà ça !

À la Pierre-des-Trois-Bans, je discute avec un couple de Belges qui termine sa collation. Ils sont montés en vélos à assistance électrique. Évidemment, c'est plus facile ! Un grand randonneur, aisément identifié à la taille de son sac, vient s'asseoir à la table pour casser la croûte à son tour. Il est de Clermont-Ferrand et est parti de Wissembourg sur le GR 5 qu'il envisage de suivre jusqu'à son terme sur la côte méditerranéenne. Notre discussion va rapidement être interrompue par une envahissante meute de marcheurs strasbourgeois. Je leur laisse la place. Je mangerai plus loin, seul, au calme, assis sur un tronc d'arbre. Si j'en trouve un.

Un rapide coup d'œil à la météo m'informe d'un risque de pluie entre 16 heures et 17 heures. Je force l'allure pour essayer de ne pas me mouiller trois jours de suite. Après le village du Bonhomme, le sentier est exigeant pour rejoindre l'hôtel de l'étang du Devin. Je me réconforte en me disant que ce que je fais aujourd'hui ne sera pas à faire demain matin.

C'est gagné ! J'arrive à destination dix minutes avant l'averse.

Une chambre très spartiate, une douche et des WC partagés, le repas unique servi à 19 heures : pas de doute, je suis dans une ambiance refuge. Les gérants, installés ici depuis avril, sont accueillants. Le tutoiement est de rigueur et la Pills est bonne et fraîche. Ce soir, après un potage apprécié, il y a un copieux bibeleskaes, une spécialité culinaire alsacienne, et une tarte aux myrtilles.

La table proche de la mienne est occupée par un groupe de neuf randonneurs venus de toute la France ou presque, pour passer la semaine ensemble. Ils ne se connaissaient pas avant de se retrouver ce soir. Comme à la cantine, chacun à son porte-serviette et la serviette doit faire la semaine ! Demain matin, rendez-vous tous ensemble pour le petit-déjeuner et pour la première rando avec une guide. Non, ce ne sera pas Benoit Poelvoorde, parce qu'on n'est pas en Corse. Je leur laisse bien volontiers la place. Chacun son truc. Demain, à la même heure qu'eux, à 9 heures, je reprendrai ma marche en solitaire pour monter à mon rythme au Hohneck et très certainement sous la pluie. On verra bien demain. À chaque jour suffit sa peine !

Stosswihr (68) – Réserve naturelle de Frankenthal-Missheimle

Lundi 17 juin – de Le Bonhomme à Le Hohneck
J13 • 21,5 km • D+ 1016 m • D– 731 m • 8h • 25 357 pas

J'ai mal dormi ! Je sais, ça arrive et ce n'est pas dramatique. Et j'ai mal aux cuisses dès le lever ; ça c'est plutôt rare.

Le ciel est gris, la température trop basse à mon goût. Et puis, je sais qu'il va pleuvoir aujourd'hui et certainement au pire moment. Ce n'est pas très bon pour le moral.

Tous ces éléments assemblés annoncent une journée maussade alors qu'elle aurait dû être une des plus belles étapes de mon périple. Ajoutons à cela que je vais marcher presque exclusivement sur le GR5 et que le GR5, c'est l'autoroute des GR en France avec des passages dignes des tranchées de la guerre 14-18, un chemin parsemé de blocs rocheux plus ou moins volumineux qui obligent à être vigilant pour éviter une chute ou une entorse.

En parlant de tranchées, la première partie de cette étape, après l'étang du Devin, est un lieu au passé historique chargé. Les 300 mètres de dénivelé vers la Tête-des-Faux révèlent une activité frontalière brûlante en 1914. La Tête-des-Faux était une position stratégique. En témoignent les constructions dont il reste des vestiges bien conservés après 110 ans. Proches du sentier, les abris et bunkers sont encore visibles mais ce n'est rien à côté de l'étrange sensation procurée par le piétinement des barbelés enchevêtrés qui jonchent le sol. Et il faut avancer avec précaution pour éviter les pointes acérées des chevaux de frise qui émergent des fougères. Entre le 2 décembre 1914 et la fin de la guerre, environ 1200 soldats trouveront la mort, dont 500 Allemands et 125 Français pour la seule nuit de Noël 1914 à la suite d'une offensive allemande repoussée.

La nécropole nationale du carrefour Duchesne, en pleine forêt et sans aucune route d'accès, quelques centaines de mètres plus loin, concentre les dépouilles de Français tombés ici. Je me plains d'avoir froid en juin 2024, dans le confort de ma randonnée. C'était autrement pire pour ceux qui étaient là en décembre 1914, avec quarante centimètres de neige et sous le feu de l'ennemi.

Aujourd'hui, la forêt vosgienne vit une autre guerre, encore une d'origine humaine. Le réchauffement climatique qui s'accélère fragilise la santé des arbres. Cette situation favorise la prolifération de scolytes, de petits insectes qui se développent sous l'écorce, dans une couche molle de bois appelée liber. Pendant leur croissance, ils dévorent ce liber en y creusant des galeries qui interrompent l'écoulement de la sève dans le tronc. Les arbres meurent par milliers. Les troncs et les branches des conifères qui jonchent à leur tour le sol sont les cadavres de cette nouvelle agression contre la nature.

Il est midi. Je n'avance pas. Je n'ai pas de jambes. Je jette un œil à la météo sur mon téléphone. La pluie arrive bientôt. Je fais une halte quelques minutes au col du Calvaire, à 1144 mètres, pour manger mon sandwich. Je crains en effet de ne pas trouver d'autre abri avant longtemps. Je fais la connaissance d'un couple de deux jeunes hexatrekkers qui vient s'asseoir par terre près de moi. Ils sont partis de Wissembourg début juin et espèrent arriver à Hendaye en novembre. L'*Hexatrek*, c'est la grande traversée de la France par ses massifs montagneux. C'est 3034 km et 136 000 mètres de dénivelé positif à travers les Vosges, le Jura, le Mont-Blanc, la Vanoise, les Écrins, le Vercors, les Cévennes, le Languedoc et les Pyrénées. Je suis admiratif et un peu envieux. Mais à eux deux, ils ne totalisent même pas mon âge. J'en viens parfois à regretter de n'avoir pas eu l'idée, ou l'envie, de commencer à randonner plus jeune. J'aurais pu entreprendre des aventures plus exigeantes. On échange nos impressions, le poids de nos sacs, nos équipements et nos méthodes, même si l'on ne vit pas tout à fait sur la même planète.

Il me reste encore beaucoup de route à parcourir pour arriver au pied du Hohneck. Après le Lac Blanc, alors que j'aborde un long cheminement sur les crêtes à une altitude entre 1250 et 1300 mètres, la pluie et un vent fort d'ouest font leur apparition. Je suis obligé d'adopter la méthode des trois couches pour supporter le froid et la pluie. Je porte un polaire entre mon tee-shirt et ma veste de pluie et j'enfile un *Buff* pour protéger mon cou et ma nuque. Elle n'a rien d'estival cette randonnée. Il ne sert à rien de lever les yeux pour admirer le panorama. La vue est bouchée et de toute façon la nature du sentier impose une vigilance permanente. J'ai hâte que ça s'arrête, je voudrais être déjà arrivé. Je suis pourtant loin du compte.

Vers quinze heures, la pluie cesse. Le vent est encore fort. Il me reste trois heures de marche mais les sensations s'améliorent. Je me sens presque moins fatigué que le matin. Je n'ai plus mal aux jambes et j'apprécie même le parfum des sorbiers en fleurs.

Et je termine bien lorsque j'arrive à l'auberge à 18 heures. Mais j'ai raté un rendez-vous, celui avec le sommet du Hohneck que j'avais inscrit à la toute fin de cette étape avant de descendre à l'auberge où je dors ce soir. La journée a été trop longue, trop pénible, trop éreintante. J'ai donc décidé de rejoindre directement l'auberge après ces huit heures de marche ; j'en ai assez bavé. Demain matin, me dis-je, je rajouterai le sommet en prologue de ma quatorzième journée. Ce soir, je m'endors à 1250 mètres. Je suis au sommet de mon odyssée.

« Nous sommes dans la montagne,
et la montagne est en nous,
dans chacun de nos nerfs,
pénétrant par chacun de nos pores et alors,
notre corps devient transparent comme
du verre à la beauté qui l'environne,
comme s'il en était devenu une partie,
vibrant avec l'air et les arbres, les courants
et les rochers, dans les vagues du soleil.
Une partie de la nature... immortelle... un autre moi. »

John Muir, *Un été dans la Sierra*, Hobeke, 1997

Breitzouze (88) – La Bresse – Le sommet du Hohneck (1363 m)

Mardi 18 juin – de Le Hohneck à Ranspach
J14 • 24,6 km • D+ 529 m • D– 1287 m • 7h09 • 27 082 pas

Enfin une belle journée sur les Vosges. Selon les dires de Pierre-Charles, de l'auberge « *Pied du Hohneck* », il y a dix degrés d'écart par rapport à la veille. Le ciel est dégagé et les prévisions sont bonnes. J'ai avalé un petit-déjeuner copieux – de randonneur ! – et Pierre-Charles m'a préparé un sandwich – de randonneur aussi ! –. Toutes les conditions sont réunies pour passer une belle journée sur la crête avant de descendre à Ranspach où je suis attendu ce soir.

Le chemin que je me suis tracé file tout droit vers le sud. Il emprunte une variante du GR 5 qui, lui-même, épouse la Route des Crêtes. Cet axe de communication très prisé des motards et des touristes en général est long de 77 kilomètres et relie Cernay, au sud, à Sainte-Marie-aux-Mines, où je suis passé samedi. Il a été créé à des fins stratégiques durant la Première Guerre mondiale, à partir de juin 1915, afin de relier les différents points du front des Vosges. C'est pour cette raison qu'il est presque exclusivement sur le versant ouest afin de ne pas être visible de l'ennemi.

Mais revenons au début de la journée. Je pars à 9h15. Je décide de ne pas monter au sommet du Hohneck pour trois raisons. La première — la bonne excuse — c'est pour ne pas faire comme les touristes qui y accèdent en voiture. La seconde — pragmatique —, c'est que je dois laver mes vêtements ce soir et qu'il vaut mieux arriver de bonne heure pour que mon linge ait le temps de sécher au grand air. Une demi-heure gagnée est importante. La troisième — la vraie —, c'est que je suis fainéant et que ça ne me branche pas de faire cent mètres de dénivelé juste pour prendre deux ou trois photos qui ne seront pas plus réussies que les autres. Déjà, les brumes gâchent un peu la vue.

À 10 heures, à 1300 mètres d'altitude, la température de 17 °C et la brise légère sont très agréables. Les pâturages sont fleuris et les troupeaux de vaches cherchent le « *la* » avec leurs cloches. Je ne suis pas certain qu'elles réussissent à s'accorder avant de commencer leur concert. Un troupeau de cloches en éternelle recherche d'harmonie. Heu ! ... il n'y a pas que chez les vaches laitières de montagne qu'on en trouve ! J'ai l'humeur taquine, aujourd'hui ! Sur la crête, où le vent forcit, les promeneurs et les randonneurs ont retrouvé le sourire en même temps que le soleil et une journée sans pluie.

Salomé, bloc-notes et crayon à la main, m'apostrophe avec courtoisie. C'est pour un sondage ; elle travaille pour le Conservatoire d'espaces naturels d'Alsace qui réalise une étude sur la fréquentation de la réserve naturelle régionale du Rothenbach. Je suis rassuré, ce n'est pas un sondage en rapport avec les législatives ! Pour ne pas me faire perdre de temps, Salomé me remet un petit papier avec un *QR code* et je lui promets de répondre au questionnaire ce soir sans faute. A cet instant, je ne sais même pas que je traverse le Rothenbach, ni où il commence ni où il s'arrête.

Le Rothenbach... En effet, mon chemin aujourd'hui me fait traverser successivement le Kastelberg, le Rainkopf, le Rothenbachkopf, le Batteriekopf, puis le col du Herrenberg, le Schweiselwasen. Je passe ensuite par le Hundskopf avant le col de Hahnenbrunnen. Puis par le Trehkopf, le Jungfrauenkopf, pour arriver enfin à Markstein. Je dois avouer que j'éprouve quelques difficultés nous seulement à lire, mais aussi à réécrire sans fautes tous ces noms de lieux que me confie la carte IGN avec bienveillance. Inutile de préciser que je ne cherche pas à les apprendre par cœur le matin avant de partir.

David le Breton, dans « *Éloge de la marche* », consacre un chapitre aux « noms ».

> « *Le voyageur à pied est souvent en quête de noms, celui du village à venir, du lieu-dit, jalons de sens qui humanisent le parcours et font sortir le monde du chaos où il se complaisait.* »

Puis il poursuit :

> « ...chaque fragment du monde n'est pas nommé, il règne encore des haies inconnues ou des champs anonymes, des plaines ou des vallées que nul n'a songé à baptiser. Et puis la destinée de tout homme est seulement de connaître une poignée de noms parmi leur nombre infini, il faut donc s'adresser à la bonne personne, celle qui sait précisément celui que l'on cherche. Comment s'appellent ce hameau, le ruisseau là-bas, la rivière, le bois, et les habitants de ce village. Il s'agit de se repérer devant l'énigme des lieux, se retrouver dans les taches de couleur et les lignes de la carte ou des paysages, calculer au regard de l'échelle le chemin déjà parcouru, celui qui reste à accomplir, évaluer les efforts à fournir.
> Comprendre le monde, c'est lui attribuer une signification, c'est-à-dire le nommer. On voit pourquoi le marcheur est à ce point en quête de noms, chemine dans une dimension de son existence où plus rien n'a une place précise et où les lieux qu'il parcourt lui sont inconnus, comme inachevés encore à ses yeux.
> Le nom est une mise au monde de l'espace, l'invention personnelle d'une géographie ou sa réappropriation à l'échelle du corps. Le marcheur n'est pas distrait au point de demander le nom du pays ou de la région où il se tient, il s'enquiert plutôt des lieux minuscules qui jalonnent son avancée ou apparaissent à son regard. »

Je sais par expérience qu'à l'échelle d'un village, d'une ferme, chaque lieu où l'homme travaille la terre, où ses bêtes paissent, où il coupe du bois et chasse le sanglier, est nommé. Ces lieux sont faits pour être partagés au sein d'une communauté restreinte dont le marcheur de passage ne fait pas partie. Les cartes IGN ne sont pas assez détaillées pour y loger toutes ses informations. Il n'y a bien que les lieux où l'on trouve des champignons en abondance qu'on ne nomme pas. Pourquoi les nommer puisque ce sont des lieux secrets que l'on ne confierait même pas à ses meilleurs amis ?

Il est du nom des lieux comme du nom des plantes, des roches, des sommets alentour et des étoiles au firmament. Ne pas les connaître ne constitue pas une grave lacune et n'empêche pas d'avancer. Mais les savoir, sans chercher à impressionner les autres car ce serait pure vanité, est une source de satisfaction personnelle et donne un sentiment d'intimité, de rapprochement avec la nature, d'appartenance au monde.

Plus loin, le temps d'une courte pause je discute avec un couple de randonneurs de Colmar. L'homme connaît bien Montmorillon. Il est originaire de Niort. Ou plus précisément de Chauray. Et pour avoir fait son service militaire à Saint-Maixent, il se souvient des élèves officiers qui devaient terminer leur formation par une marche commando qui partait du camp militaire de Montmorillon et qui se terminait à la caserne à Saint-Maixent. Ça ne date pas d'hier. Monsieur à 72 ans. Et voilà comment je perds le temps que j'avais gagné ce matin en ne montant pas au sommet du Hohneck !

À 14 heures passées, je traverse Markstein, la station de sport d'hiver la plus cotée du pays. J'y cherche une table ou un banc qui n'est pas privé pour y manger mon sandwich. En vain. Et pourtant, les terrasses des bars et des restaurants sont nombreuses et bien fréquentées. Les luges mécaniques d'été remplacent les luges d'hiver. Comme pour beaucoup de stations des Vosges, les périodes d'ouverture des pistes en hiver sont de plus en plus rares et courtes. Une quinzaine de jours, cet hiver, me dira Nadine, mon hôte à Ranspach. Alors, les luges mues par l'électricité sur des rails en métal remplacent celles qui ne disposent plus de poudreuse.

Entre Markstein et Ranspach, il y a plus de 750 mètres de dénivelé négatif que je descends en totalité en sous-bois. Un bois sans nom. La cascade de Bruscher viendra rompre la monotonie de cette interminable pente.

À Ranspach, dans la vallée, il fait 26 °C. La transition est énorme.

Et me voilà ainsi bouclant la deuxième semaine de randonnées non-stop. J'ai parcouru 340 kilomètres et cumulé 8900 mètres de dénivelé positif.

Tout continue à aller bien ; aller mieux serait indécent.

Mercredi 19 juin – de Ranspach à Sewen
J15 • 20,5 km • D+ 945 m • D– 702 m • 6h23 • 22 717 pas

Il y a eu de l'orage cette nuit à Ranspach, m'a dit Nadine ce matin en m'apportant le petit-déjeuner. Je n'ai rien entendu. Je devais en écraser. J'avais toutefois anticipé cette éventualité en rentrant mon linge hier soir. Pour autant, il n'est pas totalement sec ce matin. J'ai déjà vécu une fois l'expérience désagréable d'emporter du linge mouillé, le 22 juin 2018 à Thorame-Basse dans les Alpes-de-Haute-Provence et je n'ai pas l'intention de la revivre. Heureusement, Nadine me propose son sèche-linge. Ça ne va pas améliorer mon bilan carbone !

Une longue ascension m'attend encore ce matin et pour la première fois depuis mon départ de Wadern, il fait chaud et lourd dès le matin. Le thermomètre affiche 22 °C à dix heures. Après un faux plat de trois kilomètres, les choses sérieuses commencent. Un avis officiel signé du maire de Mollau m'informe que la forêt est dangereuse et que j'y pénètre à mes risques et périls. Ah, ce sempiternel principe de précaution qui vous empêcherait presque de vivre au seul motif que c'est mortel, la vie !

Il est exact toutefois que, par endroit, le nombre de conifères morts menaçant de s'abattre est très important.

Le temps orageux excite les mouches et les taons. Je transpire à grosses gouttes en m'appuyant sur mes bâtons. À mi-ascension, trempé comme une soupe je m'octroie une pause pour terminer et publier mon billet de la veille et récupérer un peu. Enfin, ça me prendra une heure !

Jusqu'au col des Perches, où je rejoins le GR 5 après 650 mètres de montée continue, je n'ai rencontré personne. Il faut préciser que l'adresse de mes hébergements conditionne souvent le choix de mon parcours. Aujourd'hui, le premier et le dernier tronçon seront vraiment très peu fréquentés. En revanche, sur six à sept kilomètres, le GR 5 fait recette.

Rimbach-près-Masevaux (68) – Lac des Perches

Arrivé à l'aplomb du lac des Perches, au-dessus d'un éboulement rocheux qui dégage le panorama, un *spot* de pique-nique « 3 étoiles » avec banc et table sommairement aménagés m'incite à sortir le sandwich du sac. À peine assis, je propose à Mathilde et Luc, deux jeunes randonneurs partis de Rimbach pour deux jours de rando, de partager le banc et la table pour qu'ensemble, côte à côte, nous puissions admirer le lac, la forêt et plus loin les Vosges et l'Alsace jusqu'à la Forêt-Noire qu'on devine à peine dans la brume. Nous sommes bientôt rejoints par Daniella, une jeune femme de Francfort installée depuis quatre ans à Strasbourg qui s'exprime en français et sans accent. Elle est venue passer une semaine de vacances au vert.

Et voilà comment une pause qui aurait dû être courte s'est éternisée jusqu'à 15 heures passées. Mais le hasard des rencontres et le partage de nos vies et de nos projets constituent un vrai moment de plaisir qu'il faut savoir apprécier.

Pour autant, le temps passe vite et je me rends compte que le chemin que j'avais prévu aujourd'hui en terminant par l'ascension du Ballon d'Alsace avant de redescendre à la ferme auberge d'Hinteralfeld dans le cirque d'Alfeld, ne me permettra pas d'arriver à une heure raisonnable. Au quinzième kilomètre, je décide ainsi de prendre un chemin de traverse balisé qui me fait passer par le lac d'Alfeld. Finalement, je ne gagnerai qu'un seul kilomètre en distance et j'arriverai à 18h15, soit neuf heures après mon départ pour seulement six heures et demie de marche. Bien évidemment, et même si je suis enchanté de ma journée, il ne faudra pas que je renouvelle trop souvent ces longues pauses. Surtout demain où 29 kilomètres m'attendent.

Ce soir, perdu au fond d'un cirque, au pied du Ballon d'Alsace, sans téléphone ni wifi, je passe ma dernière nuit dans une ferme des Vosges où je suis accueilli comme un prince. Demain, je dormirai à Cravanche, en périphérie nord de Belfort. Et je n'y arriverai pas de bonne heure, c'est sûr !

Jeudi 20 juin – de Sewen à Cravanche
J16 • 29,2 km • D+ 521 m • D– 833 m • 8h12 • 32 022 pas

C'est ma dernière étape dans les Vosges. Une belle étape qui commence par une montée d'enfer, se poursuit par une descente d'enfer et se termine par un plat d'enfer à peine agrémentée d'une toute petite grimpette jusqu'au fort de Giromagny. Voilà, en résumé, ce dont ma journée devrait être constituée aujourd'hui.

Je quitte la ferme auberge de Hinteralfeld avec un sandwich à la démesure du dîner servi la veille. On vous sert ici, comme si vous n'aviez pas mangé depuis trois jours, des produits de la ferme ou locaux préparés de façon traditionnelle. Il n'y a rien de plus authentique pour terminer cette immersion dans les Vosges. Donc, dans ce sandwich au format XXL, il doit y avoir un demi-cochon, deux feuilles de salade et trois cornichons. Je ne vais pas mourir de faim.

Mon hôte m'indique un raccourci à travers le pâturage pour rejoindre au plus vite le sentier. Chouette ! Je gagne 400 mètres… en distance ! Mais les 400 mètres de dénivelé que je vais maintenant devoir gravir à froid vont être autrement plus raides. Il fait encore un temps lourd et moite. Il a plu, mais il ne pleut plus. J'ai vite fait d'être dégoulinant de sueur. Mes 17 kg sur le dos rendent chaque pas compliqué le long de cette piste de ski abrupte que je gravis en zigzaguant pour adoucir la pente. Le souffle court, même en adoptant une vitesse d'escargot, je m'arrête souvent pour récupérer. Je jette alors un coup d'œil furtif au paysage en me retournant, ne serait-ce que pour mieux vérifier le chemin parcouru vu d'en haut. Tiens, le lac d'Alfeld, au loin, en bas, n'est plus qu'une virgule biscornue noyée dans la verdure.

Je déteste ces chicanes trop serrées installées pour les randonneurs. Sûr que les vaches ne les franchissent pas ! Des gringalets maigrichons y seraient à leur aise. Mon sac n'y passe pas. Je suis obligé de le quitter pour le remettre de l'autre côté. Je peste.

Et cette montée qui n'en finit pas. Est-ce le prix à payer pour sortir du massif vosgien ? Un péage de sueur. Je peine ! Il faut être fou, me dis-je, pour avoir programmé un tel chemin. Je cherche sur les données de ma montre des indices de réconfort comme on use des prises en escalade. J'avance pour faire défiler des chiffres qui me remontent le moral. Oui, c'est ça, la rondeur des chiffres m'aide à lutter contre les contraintes générées par la loi universelle de la gravitation appliquée à ma pomme. Sacré Newton !

J'ai bientôt atteint les 200 mètres de dénivelé. Cool !

Je vais passer l'altitude de 1000 mètres. Hourra !

J'approche du deuxième kilomètre. Youpi !

Allez encore un effort ! Tu vas y arriver. Mais qu'est-ce que je fous dans ce bazar ? Quel débile je fais ! Et mes mollets durs comme du béton. Et ce sac qui me déchire les hanches. Oui, j'en rajoute. Mais on y perdrait sa conscience parfois. Il faut me comprendre.

Quand j'arrive au sommet et que s'affichent sur ma montre : altitude 1080, D+ 372, distance 2,64 km, durée 1h25 et vitesse moyenne 1,9 km/h, je crois avoir vaincu l'Everest. Quelle rigolade assurée pour de grands sportifs !

Un peu de plat pour me remettre de mes émotions et retrouver mon souffle et il faut bientôt penser à descendre. Ayant retrouvé du réseau, je me pose un moment sur un banc pour envoyer mon billet et les photos de la veille. Il me faut chaque jour trouver un créneau d'une à deux heures pour écrire les textes et trier les photos, et parfois attendre de retrouver une connexion au réseau pour les publier. Mon fan-club est exigeant et ne saurait me pardonner un retard trop conséquent.

Avec cette connexion rétablie, je peux aussi vérifier la météo. Aïe, il va pleuvoir dans 21 minutes. Il est 11 heures. J'attaque la longue descente vers Belfort depuis la forêt domaniale du Ballon d'Alsace par le chemin que j'ai choisi un an plus tôt, confortablement installé à la maison devant mon ordinateur.

Mais pourquoi diable fallait-il que je choisisse celui-là ? Il est impraticable.

Et pourquoi l'IGN n'indique-t-il pas la hauteur et l'épaisseur des orties sur les sentiers ? Je voyage en short, moi ! Et ces cailloux qui roulent, roulent ! Je m'active. Je commets la double erreur de vouloir aller trop vite et de penser que je peux ainsi éviter la pluie. C'est une idiotie parfaite... puisqu'au contraire, je me dirige vers elle !

Et mes semelles qui glissent, glissent sur ces cailloux. 11h11. Je chute. Ma première ! Je m'affale sur le côté droit du sentier emporté par mon sac. Aïe. Ma cuisse et mon coude heurtent une grosse pierre. Je me retrouve à plat ventre plaqué au sol par le sac à dos. Je peine à me relever. Une rapide inspection. Rien de grave. Pas de blessures, juste quelques contusions.

Ma montre a détecté ma chute et me demande si elle doit prévenir les secours. C'est beau la technologie ! Non, merci. Je confirme d'un clic à *Apple* que c'est bien une chute et que tout va bien pour moi. Et voilà comment se termine ma sortie des Vosges. À plat ventre ! J'ai de la chance. Il aurait pu y avoir des orties à l'endroit de mon gadin.

Je file vers Belfort sous la pluie pendant une heure. Puis le temps s'améliore. Finalement, ce ne sera pas catastrophique.

Sur mon chemin, le saut de la Cuvotte sur le cours de La Savoureuse agrémentera la longue descente avant la plaine que domine le fort de Giromagny, construit après la guerre de 1870 dans la même stratégie que Verdun. Au loin se dessinent les immeubles de Belfort que j'atteins vers 17h15 après avoir traversé une vaste étendue parsemée d'étangs.

On s'affaire près du lac de Malsaucy. Sur la presqu'île du même nom, se tiendront dans quelques jours les Eurockéennes 2024. On y attend 100 000 personnes du 4 au 7 juillet. Le 4 juillet, si tout va bien, je serai loin. J'arriverai à Byans-sur-Doubs. Loin des décibels et de la foule des festivaliers.

Je m'offre un dernier regard vers les Vosges, là-bas, déjà loin, au nord.

Vendredi 21 juin – de Cravanche à Châtenois-les-Forges
J17 • 22,4 km • D+ 503 m • D– 536 m • 6h08 • 24 209 pas

Aujourd'hui, c'est la première des trois étapes de transition entre les Vosges et le Jura. C'est aussi le premier jour de l'été. Ça ne se voit pas. Il pleut ce matin à Cravanche, commune de l'agglomération de Belfort. Je retarde mon départ, en espérant que la météo va s'améliorer, mais aussi parce que mon étape du jour ne fait que 22 kilomètres. En dessinant un grand « S », je vais contourner Belfort par l'ouest, puis passer au nord de Montbéliard que je contournerai demain par l'est. Ce soir, je dormirai à Châtenois-les-Forges, toujours dans le Territoire de Belfort.

La pluie ayant cessé, je prends congé de Danièle au « *Nid fleuri* » non sans souligner ses talents de peintre. Les nombreux tableaux qui ornent sa maison sont vraiment superbes.

Visiblement, le GR 5 est davantage fréquenté dans les Vosges qu'ici. Je n'y croise aucun randonneur. Je traverse les villages ruraux de Châlonvillars, Échenans-Sous-Mont-Vaudois, puis Brevilliers. Et, entre chacun de ces villages, j'emprunte des chemins ou des sentiers forestiers dont certains sont impraticables. Les pluies incessantes associées au passage d'engins agricoles ou forestiers les ont transformés en terrains boueux et glissants.

Je m'intéresse à ces bornes que je croise le long du sentier ou dans les forêts. Elles font partie du patrimoine insolite du Pays de Montbéliard. Au nombre de 400 environ, elles marquent les anciennes limites de la principauté de Montbéliard. Numérotées et datées de 1543 à 1743, elles conservent — pour celles qui sont encore en place et qui n'ont pas été martelées pendant la Révolution — de belles armoiries gravées. Parmi les motifs figurent les trois ramures du cerf des Wurtemberg-Montbéliard. Les initiales inscrites sont souvent celles de la commune qui fait frontière. De dimensions variables, ces bornes permettaient de délimiter les terres à une époque où le cadastre n'existait pas.

J'évite, par hasard et par chance, les vagues de pluie qui s'abattent en nuées orageuses sur la région. Mais la chance a ses limites. Un kilomètre et demi avant ma destination, dans une zone dépourvue d'abris, une averse soudaine et soutenue ne m'épargne pas. Mon sac à dos étant protégé depuis le matin, je continue sans sortir ma cape de pluie. Je m'abrite un instant sous un arbre, plaqué contre une haie ornementale qui ne me protège ni de l'eau ni du vent. Mais je suis arrivé à Châtenois-les-Forges. Je sais que dans quelques minutes, j'arriverai dans la chambre que j'ai réservée. Je trouverai dans mon sac des vêtements secs et cet épisode pluvieux sera vite oublié.

Ainsi va ma vie sur le chemin. Aucune de ces pluies ne peut m'affecter durablement. La gêne et le déplaisir sont momentanés. Vite oubliés. Rien ne peut altérer ce sentiment puissant de liberté qui m'anime chaque jour depuis mon départ de Wadern. Contre rien au monde je n'échangerais ma place ici sur les chemins marécageux ou sous une pluie battante. J'ai tellement attendu ce troisième opus de ma découverte de la France à pied, j'ai tellement imaginé chacune de ces journées dans ces lieux inconnus que j'ai la chance de découvrir à lenteur de marcheur, j'ai tellement rêvé de ces efforts à fournir pour conquérir le droit de croire que tout ça m'appartient. Un instant, un instant seulement, juste le temps de traverser, de passer, d'aller plus loin, puis de recommencer, à l'infini, du moins, comme je le voudrais !

En mettant un pied devant l'autre, pas à pas, je ne grignote pas le terrain, je déguste le meilleur de ma vie.

Samedi 22 juin – de Châtenois-les-Forges à Valentigney
J18 • 25,4 km • D+ 295 m • D– 303 m • 6h37 • 27 693 pas

C'est encore une vraie journée de misère qui commence. Il tombe des cordes de l'autre côté de la fenêtre de la cuisine. Et même si je retarde le moment du départ en éternisant le petit-déjeuner avec Manuelle et Alexandre, il va bien falloir que je démarre. En attendant, en une heure de conversation nous dressons un bilan pas très réjouissant de la société dans de multiples domaines. C'est à croire que nos propos s'accordent à merveille avec le ciel.

Pas très motivé, je prends mes chaussures encore humides de la veille malgré le soin apporté par Manuelle qui les avait bourrées de journaux hier soir, et j'enfile un poncho. Le radar pluie est assez précis et je sais qu'il va pleuvoir en continu toute la matinée au moins. Je n'ai même pas envie d'aller m'acheter un sandwich. Je serai à la diète aujourd'hui. L'étape n'est pas très compliquée, avec ses 24 kilomètres, et presque plate. Mais je n'ai rien dans les pattes et mes boyaux sont détraqués.

Même la gendarmerie est fermée le samedi à Châtenois-les-Forges. J'ai fait un détour inutile. Rien ne va plus. Je voulais valider la procuration pour les élections législatives. C'est raté pour cette fois. Bref ! Tout est KO ce matin.

Il ne fait pas plus de 15 °C. Je marche sans plaisir et n'ai qu'une envie : celle de terminer cette journée. Je m'arrête un court instant dans un observatoire de la faune près d'un étang. Les cygnes blancs ne montrent aucun signe de lassitude, eux. Les grenouilles, non plus. Les canards ont l'air heureux. Les limaces… je ne vous en parle pas ! Et moi, je suis avec mon illusion du sec pendant dix minutes sous mon abri de fortune que je dois me résoudre à abandonner.

Deux beach-volleyeurs s'entraînent avec leur coach dans le sable et sous la pluie sur la base de loisirs du pays de Montbéliard à Nommay. La pluie n'arrête pas les joggers du samedi. Mais un qui promène son chien fait plutôt la gueule. Enfin, le maître, pas le chien !

La seule attraction remarquable du jour sera ce pont-canal que je vais franchir quelques kilomètres plus loin en suivant la voie verte. Il s'agit d'une liaison navigable reliant le canal du Rhône au Rhin au canal de Montbéliard à la Haute-Saône. Canal imaginé après 1870, mais qui ne sera jamais terminé. Le pont-canal enjambe l'Allan.

Je renouvelle un arrêt au dixième kilomètre, à la sortie de Fesches-le-Châtel, dans un refuge sur le GR 5. Il ne me sert à rien d'aller trop vite. Je dois arriver après 17 heures. La pluie a cessé. Je repars sans le poncho mais avec ma veste de pluie et le *Buff*. La température a diminué. Quel bel automne !

Un autre supplice m'attend : six kilomètres de sentiers, que dis-je, de tranchées boueuses. C'est une corvée. Il faut assurer chaque pas et s'accrocher à ses bâtons lorsque le pied dérape sur cette fine couche de boue saturée d'eau. Je regrette de ne pas avoir une paire de bottes en caoutchouc. Et je regrette aussi le bitume ! Ah, par un beau temps sec, ce GR 5 aurait été très agréable ! Là, j'ai les chaussures crottées et les pieds trempés depuis ce matin.

Cette journée va s'achever en traversant le Doubs à Valentigney. Durant les trois semaines à venir, je vais beaucoup suivre, traverser, perdre et retrouver cette rivière de 453 kilomètres qui prend sa source sur la commune de Mouthe et dont le tracé mouvementé en forme de M est très particulier jusqu'à sa confluence avec la Saône à Verdun-sur-le-Doubs.

Et pour finir la journée en beauté, dans le logement que j'ai réservé, la machine à laver est hors service et il n'y a, bien évidemment, personne pour la réparer. Je lave mon linge à la main dans l'évier de la cuisine et je sèche mes chaussures avec le sèche-cheveux. « *Les tâches ménagères ne sont pas sans noblesse* », comme Audiard le faisait dire à Jean Lefèbvre.

Demain, une très grosse journée m'attend. 28 kilomètres et près de 1000 mètres de dénivelé positif. Il paraît qu'il fera beau. J'espère…

Vite au dodo.

Dimanche 23 juin – de Valentigney à Saint-Hippolyte
J19 • 28,5 km • D+ 772 m • D– 712 m • 8h43 • 31 590 pas

Une belle étape m'attend. Hier soir, j'ai décidé de la raccourcir un peu en court-circuitant le tracé du GR 5. J'ai repéré un petit sentier de traverse et une route qui me fera passer par Montécheroux. En d'autres temps, j'aurais fui le bitume mais j'en ai tellement bavé à faire du 2 km/h sur des chemins boueux, défoncés par les travaux des forestiers, que j'aspire à plus d'adhérence et de stabilité. Et puis, je dois avouer qu'avec 450 kilomètres déjà parcourus, je suis dans le dur. J'ai un peu de peine à récupérer. L'absence désespérante de soleil et l'humidité omniprésente s'ajoutent au poids des ans qu'il faut bien que j'accepte. Bref, je suis un peu fatigué. Et je le ressens ce matin au départ, lorsque les muscles et les articulations sont froids et que pèse la charge mentale de tous les efforts à venir.

Pour autant, je vais maintenir une bonne allure sur les quatre premiers kilomètres de plat pour sortir de Valentigney par le sud après avoir traversé le Doubs. Je rejoins un ancien qui a mis le short de rando et une veste de survêtement bleue pour sa petite sortie quotidienne. Il est sourd comme un pot, ce qui ne l'empêche pas de me poser des questions. Et le *« hein ? »* à chacune de mes réponses m'oblige à répéter plus fort. J'ai peur de réveiller tout le quartier, bien calme, en ce jour de repos dominical. Il me dit avoir fait la route de Belfort à l'âge de dix ans, à pied, avec son grand-père qui en avait soixante-dix, pour aller voir son père à l'hôpital. *Google* m'apprendra plus tard que ça fait une vingtaine de kilomètres. Ce n'est pas le bout du monde. Quoique, aller-retour, c'est quand même une belle balade.

Je rejoins les premières montées et retrouve les chemins boueux. Puis viennent de hautes herbes qui trempent les pieds. Trois sangliers traversent le sentier comme des balles de fusil à dix mètres devant moi. Je suis surpris. C'est la première fois que ça m'arrive !

Ce début de randonnée est plutôt monotone, mais il va s'animer. D'abord parce que la première déviation que j'ai prévu d'emprunter me fait passer par le « *Chemin à Nono* » sur lequel je trouve une paire de chaussures accrochée à un écriteau en face d'un espace parsemé d'objets divers et d'inscriptions sur des pierres blanches. Je n'en connais pas la signification ni l'origine. Mais cette parenthèse fantaisiste m'amuse. Je rajoute deux pierres au cairn pour marquer mon passage et prendre place dans la construction de cette œuvre.

La descente vers Pont-de-Roide est animée par la longue, très longue, volée des cloches de l'église. Ce doit être jour de communion. Les échos du stade de football où se déroule un tournoi succèdent aux cloches. La fumée du barbecue monte au-dessus des gradins. Ce sera bientôt l'heure de la pause. Pas pour moi. Trop tôt. Je remonte le cours du Doubs, croise un pêcheur qui ferre un chevesne d'un bon kilogramme, à sa première tentative.

— C'est facile, ils sont quatre ou cinq à un mètre du bord à se battre pour attraper les cerises qui tombent du cerisier au-dessus de l'eau. J'ai juste mis une cerise sur l'hameçon !

La bête se laisse prendre sans vraiment résister. Elle sera remise à l'eau sitôt soupesée par son pêcheur.

Et puis je rencontre Maddy. Elle lit, assise face au Doubs. Elle ne m'a pas entendu venir, le bruit de mes pas est masqué par celui du courant de la rivière. Je l'ai surprise. Elle sursaute et je m'en excuse. Dans ses mains, elle tient le livre de Julien Lepers, « *Les fautes de français ? Plus jamais !* ».

— Je viens de le prendre dans la boîte à livres, me dit-elle.

Elle me raconte alors, la voix tremblotante, une de ses premières expériences de cette boîte en libre-service dans laquelle chacun peut déposer, prendre ou échanger des œuvres littéraires. Le hasard avait voulu qu'elle tombe sur un livre qui avait été offert par son frère à leur mère, disparue en juillet dernier, à l'occasion d'un anniversaire.

Elle fut très surprise de retrouver sur les premières pages une dédicace qui ne lui laissait aucun doute. Une émotion intense la submergea alors.

— J'ai beaucoup pleuré, m'avoue-t-elle.

— Après le décès de maman, il nous a fallu vider sa maison. Ce livre, comme d'autres objets, a eu une seconde vie. Mais je n'aurais jamais imaginé qu'il puisse se trouver ici.

Nos conversations se poursuivront longtemps. Maddy m'a un instant fait penser au film de Jean Becker « *La tête en friche* » dans lequel Gisèle Casadesus est Marguerite face à Germain, joué par Gérard Depardieu. Une référence de sensibilité et d'amitié.

Elle m'a raconté son histoire. Ses grands-parents qui tenaient l'hôtel-restaurant « *Les Terrasses* » à Saint-Hippolyte où, par le plus grand des hasards, je vais aller dormir ce soir.

Quant à son mari, âgé de deux ans de plus qu'elle, il est correspondant pour le quotidien l'Est Républicain. Il est parti couvrir le tournoi de foot, puis un concert de musique donné chaque mois dans l'école voisine.

— Ah, s'il était là, il vous prendrait en photo !

— Envoyez-lui un message pour qu'il vienne, s'il vous plaît, me demande-t-elle en me donnant son numéro de téléphone.

Yves nous rejoint peu après et fera cette photo. Et nous échangerons nos coordonnées.

Lorsque je les laisse sur les rives du Doubs, en passant près de l'école, le concert de rock reprend. La vallée porte bien les sons. Plus loin, grimpant cette côte raide où je transpire déjà, je perçois la dernière chanson du concert. « *Quand on a que l'amour* » écrite et interprétée par Jacques Brel en 1956 et qui se termine ainsi :

« Alors sans avoir rien
Que la force d'aimer
Nous aurons dans nos mains
Amis le monde entier »

Saint-Hippolyte (25) – Vue du chemin de la chapelle.

Il ne m'en fallait pas tant pour que l'émotion trouble ma vue. Car un rien sur le chemin peut changer votre journée : une rencontre, quelques conversations anodines mais sincères, des souvenirs partagés, des parfums retrouvés ou des mélodies inattendues, à cet endroit, à cet instant. Alors, tous les sens aiguisés, à fleur de peau, peuvent capter l'authenticité d'un échange, une musique et les magnifier en un moment d'émotion intense.

Je passe visiter rapidement le fort des Roches puis poursuis l'ascension avant de descendre vers Saint-Hippolyte, adorable village niché au fond de la vallée à la confluence du Dessoubre et du Doubs. J'arrive en Pays Horloger.

Le savoir-faire horloger, ancré en Pays Horloger, est inscrit sur la liste représentative du patrimoine culturel immatériel de l'humanité. À l'origine, l'horlogerie se développe à partir du milieu du XVIIIe siècle pour fournir au voisin suisse des composants et de la main-d'œuvre. Elle est bien adaptée aux conditions topographiques et climatiques locales. Lorsque la neige contraint les habitants, paysans pour la plupart, à rester chez eux, on devient artisan et travaille « sous la fenêtre » et en famille.

Plus tard, au XIXe siècle, la mécanisation consécutive à l'arrivée du chemin de fer et de l'électricité va favoriser l'apparition d'usines. L'euphorie ira jusqu'aux Trente Glorieuses, mais l'arrivée du quartz à partir des années 1970 va tout bouleverser et faire disparaitre peu à peu bon nombre d'entreprises. Ma première montre, offerte pour ma communion en 1970, était une *Lip*, symbole de l'excellence horlogère française. Ce n'était pas le même modèle que la GDG portée par De Gaulle ou la T18 de Churchill, mais c'était une *Lip* tout de même. 56 ans plus tard, je porte à mon poignet un ordinateur dont les capacités de calcul, de stockage et de communication sont des millions de fois plus élevées que les plus puissants ordinateurs de 1970.

Aujourd'hui, *Lip* fabrique toujours des montres françaises à Besançon.

Je pense à Maddy, à ses grands-parents et à son enfance, en pénétrant dans la chambre n° 11 des Terrasses. La journée a été belle. Très belle, même. Demain aussi il fera beau. Ce sera enfin l'été, paraît-il.

Soulce-Cernay (25) – Le Doubs

Lundi 24 juin – de Saint-Hippolyte à Goumois
J20 • 27 km • D+ 992 m • D– 855 m • 8h02 • 29 868 pas

Dans la préparation de mes périples, j'éprouve le besoin de planter des repères sur mon chemin. Par exemple, de le découper en tronçons de longueurs égales pour bien garder un rapport aux distances. Ou de le répartir en périodes identiques pour mieux me situer dans le temps. Peut-être que ce besoin de quantifier et cette compulsion à compter sont obsessionnels. Ces chiffres structurent mon aventure et me rassurent. Mais j'aime aussi planter des jalons sur des lieux particuliers. Ainsi, ce soir, j'aurai fait un tiers du voyage en durée et sans doute la même proportion en distance. Et je vais m'octroyer une halte symbolique en Suisse à l'hôtel du Doubs, à dix mètres de la frontière. Il fait enfin un temps estival ce matin à Saint-Hippolyte. Je pose mes chaussures sur le rebord de la fenêtre de ma chambre d'hôtel pour qu'elles prennent un peu de soleil. Je vais en profiter pour effectuer quelques achats à la supérette locale. L'étape n'est pas très longue, mais elle affiche un bon dénivelé proche de mille mètres.

Un convoi singulier de plusieurs dizaines de voitures allemandes, étrangement décorées, affublées d'objets divers qui n'ont habituellement rien à faire sur des galeries, portant toutes un numéro et dotées de klaxons italiens joyeusement actionnés, sillonne le village en tous sens. La parade carnavalesque de cet étrange rallye ne va pas sans faire râler des automobilistes qui vont au travail. Enfin, je suppose… en tout cas, ils râlent parce qu'ils sont ralentis. Pour moi, le piéton, tout ça est divertissant. La moindre futilité occupe mon esprit d'enfant retrouvé. Personne ne saura me dire quelle était donc cette manifestation.

Il est bientôt 9h40. J'enfile mes chaussures réchauffées par le soleil et enfin sèches avec une certaine joie, voire un vrai plaisir et je n'hésite pas à m'accorder un dernier détour jusqu'à l'église. Je lambine vraiment ce matin. Le départ est plutôt serein. La pente n'est pas très raide. C'est un temps à batifoler dans la nature sous le ciel bleu et un soleil réconfortant. Je m'amuse d'un écriteau fixé sur une barrière « *Été comme hiver, des ânes sont dans la pâture* ». Oui, je suis d'accord. Et je peux même affirmer que nous sommes plus nombreux en été qu'en hiver.

Puis je croise deux vététistes qui me ramènent à la réalité du terrain.

— Ça glisse là-haut. Faites gaffe !

Me voilà prévenu. Il aurait été surprenant que les sentiers deviennent praticables après seulement quatre heures de soleil. Un passage est en effet délicat et j'angoisse à l'idée qu'il soit long. Fort heureusement, il n'en est rien.

Je descends vers Soulce-Cernay sans encombre. Une belle borne à la coiffe rouge m'indique que je suis sur le GR 5 entre Hoek van Holland à 1370 km derrière moi et Nice à 1043 km devant. Je continue vers Nice, traverse à nouveau le Doubs et attaque la partie la plus pentue de la journée. Les 500 mètres de dénivelé sur quelques kilomètres affichent un pourcentage qui fait mal aux mollets.

À Courtefontaine, je m'arrête devant un lavoir-abreuvoir remarquable. Il abrite une statue de saint Laurent, patron de la paroisse. Les colonnes sont surmontées d'un blason aux initiales de la commune. L'art se niche parfois dans des détails inattendus.

Bien qu'il soit 13 heures passées, il est trop tôt pour casser la croûte. Je vais peut-être pousser jusqu'à Fesseviller. Finalement, c'est au Plain que je trouve le banc que je cherche. Il me reste une dizaine de kilomètres à parcourir pour arriver à Goumois. Il est 14h30, j'ai fait 14,8 km et monté 740 mètres sans observer de pauses. Il est temps de me séparer un moment de mon sac et d'admirer la Suisse, face à moi, sur l'autre versant de la vallée du Doubs vers laquelle je me dirige.

Je termine mon sandwich lorsque deux vététistes grimpant la côte à faible allure s'arrêtent à ma hauteur. Je ne rate jamais une occasion d'engager la conversation. Nous faisons connaissance. Ils sont en séjour « vélo » dans le Jura pour une semaine et habitent Ligugé et Fontaine-le-Comte, deux communes voisines au sud de Poitiers. Nous avons vite fait de nous trouver quelques amis communs engagés localement dans le monde associatif.

À peine sont-ils repartis sur leur VTT qu'un randonneur arrive en sens inverse. Denis est alsacien et fait la GTJ — la Grande Traversée du Jura — sur 400 km pour préserver sa santé fragile. Nous partageons le banc, le temps pour lui de souffler. Il est parti comme moi de Saint-Hippolyte et se dirige aussi vers Goumois. Alors que nous discutons de ce fabuleux voyage du jour — tous nos voyages sont fabuleux, forcément ! —, un troisième randonneur, plus jeune, passe sur la route en nous saluant.

Denis et moi décidons de marcher ensemble vers Goumois. Nous allons rejoindre celui qui nous avait salués. Il semble chercher son chemin au milieu d'un troupeau de jeunes montbéliardes. Antoine a 29 ans. Il est belge de Bruxelles et va… à Goumois. Et voilà comment nous terminons le chemin à trois. Denis, Antoine et moi. Les deux premiers ont prévu de bivouaquer à Goumois. Moi, en version plus bourgeoise, je vais à l'hôtel où je suis certain de trouver le gîte, le couvert, le petit-déjeuner et le sandwich du lendemain.

Finalement, mes deux compagnons, alléchés par le confort de ma situation moins improvisée que la leur, prendront des chambres libres à l'hôtel. Nous viderons ensemble deux bonnes pintes bien fraîches et dînerons au bord du Doubs en Suisse, dans un lieu idyllique.

Nous sommes en dehors du temps, dans un cocon privilégié, à déguster le plaisir d'être intensément vivants entre personnes bienveillantes qui partagent la même passion, la même joie. Il n'est pas question d'âge, ni de pays, ni de frontières, ni de statut social. Il n'y a plus de masques et de faux semblants. Le soleil se couche au-dessus de la crête française, les truites mouchent sur le Doubs au soir tombant. On est bien. Tout simplement.

Dans la chambre 12, face au Doubs et à la France, les aiguilles immobiles de l'horloge suisse ou franc-comtoise ne comptent plus les heures et les minutes.

Oui, c'est ça. Le temps s'est arrêté. Suspendu. Tout simplement.

Goumois (25) – Gorges du Doubs

Mardi 25 juin – de Goumois à Fournet-Blancheroche
J21 • 25,2 km • D+ 781 m • D– 346 m • 7h56 • 27 523 pas

Pouvais-je m'offrir un plus beau cadeau d'anniversaire qu'une évasion de 25 kilomètres dans les gorges du Doubs ? Aurais-je pu trouver un autre paradis que celui-ci, habité par ce serpent d'argent luisant de mille éclats sous les rayons du soleil retrouvé, parfois calme et silencieux, quelquefois tumultueux et bruyant ? Il y en a qui rêvent de longs voyages à l'autre bout du monde. Moi, d'avoir fêté mes 66 ans et mes 500 kilomètres à pied depuis trois semaines, ici, dans cette entaille unique, entre la France et la Suisse, d'avoir humé encore aujourd'hui l'air des sous-bois, des senteurs de la mousse humide, des sapins et des fougères qu'on écarte, ici, en ce jour particulier, me comble de bonheur.

D'avoir poussé la porte d'une petite chapelle perdue dans la montagne. D'y avoir trouvé ce calme et cette fraîcheur qui vous régénèrent lorsque la pente exige de vous des efforts et de la sueur. De jouer un court instant avec la lumière et les vitraux. Voilà qui suffit à remplir mes jours trop courts au point de manquer de temps.

Observer un poisson qui descend nonchalamment le courant, une minuscule souris qui sort de son trou pour grignoter une feuille, là, tout près du vieux puits de la Charbonnière-d'en-Haut, une petite grenouille verte qui tente de se dissimuler dans une ridicule flaque d'eau sur le chemin ou encore ce petit écureuil roux au pelage presque noir qui, vite, contourne le tronc pour se planquer derrière. Un papillon, une abeille, un grillon. S'émerveiller et porter un regard bienveillant sur le vivant, tout simplement. En n'oubliant pas qu'on est juste un invité ici, et que le fait d'être un humain ne vous confère pas d'autre droit que celui de respecter ce lieu et les vies qui l'animent.

Ce matin au départ de Goumois, et pas vraiment de bonne heure, une fois de plus, nous sommes encore trois à revenir en France en franchissant le pont.

Une belle journée s'annonce et les brumes qui, tôt ce matin, au réveil, flottaient dans la vallée se sont dissipées aux premiers rayons de soleil. Antoine, Denis et moi parcourons quelques kilomètres ensemble durant lesquels, très vite, nous comprenons que cette étape ne sera pas de tout repos.

Nous convenons ensuite de nous séparer afin que chacun puisse aller à son rythme et décide de l'endroit où il s'arrêtera ce soir. Pour ma part, ce sera à la ferme des Louisot, où j'ai réservé une chambre et un repas depuis janvier. Ce confort, plus cher qu'une cabane refuge ou qu'une tente plantée sur un *spot* autorisé au bord de l'eau, me coûtera une belle ascension finale, que dis-je, un mur, pour sortir des gorges du Doubs. Avec mes deux compagnons de voyage d'un jour, nous créons un groupe *WhatsApp* pour garder le contact, nous tenir au courant de nos avancées journalières et, peut-être, nous retrouver un prochain jour si le hasard le veut.

Je les laisse partir devant et profite d'un espace aménagé au bord du Doubs pour terminer mon récit de la veille. Je vais passer ici beaucoup trop de temps. À midi, la distance que j'ai parcourue est ridicule. Et je devine déjà l'heure indécente à laquelle je vais arriver à la ferme auberge. Je les appellerai plus tard, lorsque je serai mieux en mesure d'évaluer mon retard.

Ma pause sandwich vers 14h30 à la Charbonnière-d'en-Haut me donne l'occasion de rencontrer trois bénévoles de « *Sentiers du Doubs* ». Cette association entretient les sentiers pédestres, à l'exception du GR 5 laissé aux collectivités locales. Un bénévole m'explique l'histoire de la sauvegarde et de la réhabilitation de l'abri où je me suis arrêté. Je n'ai guère besoin de me forcer pour vanter la beauté des lieux. Pouvais-je leur faire plus plaisir en leur confiant le bonheur sincère que je vis à parcourir « leurs » sentiers ?

Qu'il me soit permis ici de leur rendre hommage me tient à cœur. Les randonneurs ou les promeneurs ne doivent pas ignorer ce travail réalisé par les bénévoles, la plupart retraités, dans tant de clubs de marcheurs de France.

Cette belle étape passe par les Orgues de la Mort et les Échelles de la Mort, des noms peu réjouissants qui témoignent de la grandeur des lieux. Les falaises abruptes bordent le Doubs, là où les gorges sont les plus étroites. Ici, les sentiers sont assez techniques, parfois boueux, et appellent à la vigilance pour cheminer en sécurité. Il fait chaud. J'ai eu la bonne idée d'emporter plus de deux litres d'eau ce matin. Je finirai à sec.

La fin du parcours dans la vallée est gâchée par le bruit entêtant des moteurs des voitures et des motos de la longue procession des frontaliers revenant en France après leur journée de travail en Suisse. Durant une heure sur ce sentier que j'aurais aimé plus calme, je maudis le pétrole qui se brûle sur l'autre rive du Doubs.

Sur le « mur », remontant la forêt, je me parle à voix haute. Tantôt, je me crie des ordres à la façon d'un adjudant-chef, tantôt je m'encourage sur un ton plus paternaliste. Il me semble que ma voix est plus apte que mes pensées à aller puiser la force mentale qui seule peut porter secours à mes jambes épuisées.

Quand j'arrive à la ferme, à 19h20, je suis au bout de ma vie. Une bonne douche et la table d'hôte copieuse ont tôt fait de me requinquer.

Une planche pédagogique représentant des écoliers dans leur classe décore le deuxième étage de la ferme auberge où se situe ma chambre. Je l'ai reconnue au premier coup d'œil. Le petit losange en bas à gauche porte la signature Rossignol-Montmorillon. Dans les années 1950, André et Madeleine Rossignol, instituteurs dans la commune de Nalliers, ont l'idée de créer ces fabuleux outils pédagogiques qui vont se retrouver dans beaucoup d'écoles de France quelques années après qu'ils se soient installés à Montmorillon.

Dehors, l'orage est arrivé à une vitesse surprenante. En dégustant ma bière locale j'ai une pensée pour Denis et Antoine qui sont restés dans la vallée, comme de vrais randonneurs, sous leur abri de fortune et sans la moindre bière pour leur remonter le moral.

Villers-le-Lac (25) – Saut du Doubs

Mercredi 26 juin – de Fournet-Blancheroche à Villers-le-Lac
J22 • 26,5 km • D+ 589 m • D– 752 m • 8h24 • 29 454

Les jours se suivent mais ne se ressemblent pas toujours, c'est bien connu. Même en partant à peu près à la même heure, même en empruntant la suite du GR 5 dans la vallée du Doubs, le déroulement de cette 22e étape sera bien différent. On nous annonce des orages pour le début d'après-midi. Mais peut-être aurais-je la chance de passer au travers. Je sais que le sentier sera assez technique et peu propice à la marche rapide. Et bien évidemment, s'il pleut, ce sera encore plus compliqué.

Il fait beau en quittant les Louisot à plus de 900 mètres d'altitude. J'ai prévu de rejoindre le Doubs en empruntant le sentier Bonaparte qui serpente dans la forêt, en partant de « *Bord de la Côte* » — ou « *Sur le bord* » selon le panneau indicateur — jusqu'au fond de la vallée frontière. Les accotements de cette petite route en légère descente sont un ravissement de couleurs. Des jaunes, des roses, des mauves, des blancs se marient de manière harmonieuse et forment des bouquets naturels magnifiques sous ce ciel azuré. La nature est vraiment l'artiste le plus talentueux.

Avant de traverser le dernier pâturage qui précède la forêt, je rencontre Marcel. J'ai la mauvaise idée de lui dire qu'il vit au paradis. Enfin, c'est un mauvais plan pour tenter de rattraper le retard que j'ai déjà accumulé.

Marcel vit dans cette ancienne ferme typiquement franc-comtoise sur laquelle est gravé « 16IHS98 » dans la pierre au-dessus de la porte d'entrée. 1698. Iesus Hominum Salvator — Jésus Sauveur de l'Humanité —. Ancien professeur de technologie dans un collège de Pontarlier, il s'est retiré en 2005 dans ce petit éden vert où ont vécu avant lui ses grands-parents.

— Déjà vingt ans ! soupire-t-il.

Alors que je me penche pour effleurer cette plante que j'appelle l'herbe à la perdrix depuis mon enfance et dont j'ai le souvenir d'une délicate caresse sur mes jambes nues lorsque je portais des culottes courtes, il m'indique que cette graminée est la briza media ou brize intermédiaire.

— On l'appelle aussi l'amourette commune. J'ai appris à connaître le nom de toutes les plantes qui poussent ici, ajoute-t-il.

Il me montre du doigt, accrochées au mur près de la porte de la grange, deux petites javelles de plantes qui sèchent, tête en bas.

— C'est du cumin des prés. Il y en a beaucoup dans ce pâturage.

Il sort son couteau pour en couper quelques tiges qu'il me tend.

— Allez-y, croquez la petite graine !

Et voilà comment j'ai fait ma première récolte de cumin que j'ai glissé dans la petite poche de mon sac à défaut de récipient adapté.

— Vous verrez, c'est un régal avec un Mont-Dore. Ici, il est à pleine maturité, mais de l'autre côté, à 1200 mètres, en Suisse, il sera mûr au 15 août.

Captivé par ce savoir qu'il me dévoile spontanément, moi qui me satisfaisais de savoir que l'herbe était juste de l'herbe, je suis bon public et je l'écoute avec attention.

Il me propose de me payer « un coup à boire » chez lui. Je décline poliment son invitation. Et je le regrette. J'aurais aimé passer la journée avec lui pour feuilleter ce livre ouvert sur la nature dont je n'ai pu lire que le début de la première phrase. Mais le temps passe.

— Dépêche-toi, Laurent. Il va faire de l'orage ! me dit-il en me serrant la main.

Je me promets de lui rendre visite et de prendre mon temps, si un jour je reviens dans le Doubs.

Et je file rejoindre le sentier Bonaparte. Marcel m'a donné l'origine du nom de baptême de ce sentier qui descend de 350 mètres en deux kilomètres.

Il y avait au XIXe siècle, au bord du Doubs, une auberge tenue par un ancien soldat de Napoléon. L'auberge a disparu au début du vingtième siècle à la suite d'un violent orage. Elle a été emportée par le courant. Aujourd'hui, un refuge pour randonneurs a été aménagé à la place.

Me voici maintenant remontant le Doubs sur le sentier trempé de l'orage de la veille. Le ciel ne prend pas une couleur rassurante. Je croise un pêcheur à la mouche. Il vient de prendre une belle truite qu'il me montre en photo sur son téléphone. Elle est posée sur son épuisette pour que je puisse juger de sa belle prise. Puis, sans tarder, il l'avait remise à l'eau.

Et nous en venons à discuter du revers de la médaille. De l'envers du décor. On a beau illustrer la rivière idyllique avec de belles photos aux couleurs accentuées et au contraste poussé, il y a une autre réalité à décrire. Dans le Doubs, comme dans bon nombre de rivières de Franche-Comté, il y a un vrai problème de pollution généré par la production croissante de Comté.

— Là où vivaient vingt vaches il y a quelques années, il en vit aujourd'hui deux-cents. Sur cette terre karstique qui boit toute l'eau, tout se retrouve un jour dans nos rivières, m'explique le pêcheur.

Et il poursuit :

— Le lisier est un vrai problème qui mériterait d'être sérieusement pris en compte. Regardez comme l'eau est verte. Les pierres sont vertes au fond de l'eau. Il y a cinquante ans, elles étaient blanches.

J'avais pourtant lu que le cahier des charges du Comté était exigeant et que le nombre de vaches à l'hectare était limité. Cela mérite quelques explications.

Le Comté est un fromage AOP produit exclusivement à partir de lait cru de vaches montbéliardes. C'est paraît-il le fromage préféré des Français. Victime de son succès, et aussi parce qu'il rémunère bien les producteurs de lait, sa production a doublé en 40 ans, atteignant 65 000 tonnes par an. Le Doubs et la Loue sont pollués par les nitrates et les phosphates d'origine agricole. Leurs taux ont quadruplé en 40 ans. Les algues prolifèrent et étouffent la faune aquatique. Les poissons sont atteints et meurent en nombre.

La veille, au barrage du Refrain, j'avais été désagréablement surpris par une infecte odeur de pourriture. Il s'agissait bien d'algues en décomposition.

Le Doubs, cette belle rivière encore sauvage, est malade. Y pêchera-t-on encore des truites dans quelques années ? Sans doute, mais il faudra aussi trouver le moyen de concilier quantité, qualité et respect de l'environnement. Adapter les méthodes de production, assurer le traitement des eaux usées, limiter les rejets de lisier… C'est contraignant, mais réalisable !

Pour faire écho aux tristes constats de mon interlocuteur pêcheur, le ciel s'assombrit encore. Le tonnerre gronde sur la Suisse. Il est 13 heures et au-dessus de cette vallée encaissée entre deux murs, le ciel noir forme un toit opaque. La nuit tombe ! Je protège vite mon sac et j'enfile ma cape de pluie. Je passe le plus fort de l'orage sous le toit d'un refuge et j'en profite pour manger le sandwich que j'ai acheté ce matin à la ferme des Louisot.

Il me faudra repartir sous la pluie, sur un sentier où toute surface est un piège. Les racines, les pierres, la terre, tout devient glissant. On marche alors pour marcher. Il faut bien avancer et se projeter vers des moments meilleurs.

Au barrage du Châtelot, un timide soleil réapparaît. Je longe longtemps le lac Moron et arrive au Saut du Doubs qu'il aurait été dommage de rater. Cette chute de 27 mètres de hauteur, que l'on peut facilement admirer sous plusieurs angles grâce aux aménagements touristiques, constitue la seule véritable attraction du jour. Le reste a été gâché par la pluie.

L'arrivée à Villers-le-Lac se fera vers 19h30. J'ai vraiment traîné aujourd'hui encore. Pour me réconforter, mais surtout parce que je n'avais rien trouvé d'autre, je dors ce soir à l'Hôtel *Logis de France* ***. J'ai honte d'y arriver crotté mais je me dis qu'ils doivent être habitués à voir des randonneurs dans des états semblables.

Et ainsi, je prolonge mon anniversaire d'un soir ! Tout m'est permis. Comme, par exemple, déguster, au restaurant gastronomique de l'hôtel, une saucisse de Morteau cuite au feu de bois sur un lit d'herbes aromatiques.

Jeudi 27 juin – de Villers-le-Lac à Le Rozet
J23 • 21,8 km • D+ 757 m • D– 543 m • 7h30 • 23 956 pas

Les rayons de soleil dissipent les dernières brumes accrochées à la montagne après la pluie matinale. Ils s'occupent aussi de sécher mes chaussures posées sur le rebord de la fenêtre de l'hôtel. Cette méthode naturelle est préférable à l'utilisation du sèche-cheveux. Hier, la pluie et les huit heures et demie de marche m'ont vanné. La nuit n'a peut-être pas été aussi réparatrice que je l'aurais souhaité. Ce matin, je suis fatigué.

Je file à la boulangerie voisine acheter mon casse-croûte du jour et toise avec une certaine satisfaction la croix verte lumineuse de la pharmacie d'en face. Après trois semaines de marche, je n'ai pas eu besoin de pénétrer dans la moindre officine. En comparaison avec mon périple breton en 2022, cette situation me semble miraculeuse. Pas la moindre ampoule, pas la moindre blessure, pas de douleur articulaire persistante ne sont venues perturber ma progression. Quelle aubaine ! Alors, la fatigue, j'en fais fi !

Après avoir traversé de nouveau le Doubs, j'amorce une belle montée par Le Prélot en direction de la frontière suisse. Près de 500 mètres de dénivelé positif m'attendent. Je ne suis pas dedans, comme on dit. Je n'ai pas d'énergie. Oui, ce doit être en raison de la pluie d'hier. Mon organisme de retraité a de la peine à s'adapter aux caprices atmosphériques et aux contrastes de températures. Je ne m'inquiète pas pour autant. Je sais que ce n'est que passager. Une journée, en général. Et parfois moins. J'avance comme un limaçon, mais ça n'a pas d'importance.

Mon parcours du jour emprunte le sentier des bornes. Ces bornes numérotées, portant d'un côté la fleur de lys française et, de l'autre, les trois chevrons rouges des armoiries de Neuchâtel, matérialisent la frontière entre la France et la Suisse. Elles portent la date de 1819.

Neuchâtel était dans le giron français jusqu'à la chute de Napoléon en 1814. Je passe d'un pays à l'autre au fil des pas. Je suis malgré tout déçu, car j'imaginais une crête plus enherbée, plus dégagée, qui ouvrirait la vue de droite et de gauche. Mais cette crête est à couvert et les occasions de profiter du panorama sont rares. Dommage. Si j'avais mieux su lire la carte, j'aurais repéré cet inconvénient plus tôt.

Je discute quelques minutes avec un agriculteur. Pelle à la main, il creuse une rigole pour que l'eau s'écoule. Il se plaint à juste titre du temps trop pluvieux et des 30 millimètres tombés hier. Je sais, j'étais dessous moi aussi.
Les pâturages sont labourés par les sabots des vaches et les foins sont en train de pourrir. Il me dit que 2024 sera peut-être pire que 2007. Une référence locale de calamité, je suppose.
Je repense à mon pêcheur d'hier rencontré sur le Doubs et à cet homme aujourd'hui qui vit de son élevage et du lait qu'il vend pour faire du Comté dans une fruitière locale. Il est parfois difficile de se situer soi-même entre le pour et le contre, le vrai et le faux, le blanc et le noir. Trouver un équilibre, me disait le pêcheur. Un juste centre entre vivre bien dans un milieu préservé pour nous aujourd'hui et surtout pour nos enfants et petits-enfants. Faut-il en vouloir aux vaches, à ceux qui vendent le lait, à ceux qui fabriquent le fromage ou à ceux qui le mangent ?
J'ai beau chercher en cheminant le long de cette frontière, et Dieu sait si le cerveau fonctionne bien en marchant, surtout lorsqu'il n'est pas trop diverti par l'émerveillement des lieux, je ne trouve pas de réponse universelle à mes interrogations. Le juste milieu. Le bon équilibre… Vaste sujet.

Depuis deux jours, je rencontre quotidiennement, parfois le matin, parfois le soir, quatre amies, deux Jurassiennes et deux Bretonnes d'adoption, qui font une partie de la Grande Traversée du Jura. Elles étaient à la ferme auberge des Louisot. Je les ai retrouvées dans l'ascenseur de l'hôtel à Villers-le-Lac. Et puis, aujourd'hui, nous nous sommes rejoints au Petit Gardot, à la frontière suisse, à mi-chemin de mon étape. C'est à croire que nous avons choisi la même agence de voyages pour organiser notre séjour.

Quelques mots sympathiques sont échangés chaque fois. Et, chaque fois, nous avons le sentiment de nous connaître un peu mieux. C'est aussi ça la magie de l'itinérance. Si ça continue, dans deux jours, nous serons copains comme cochons. Ce qui signifie, comme tout le monde le sait, que nous serons devenus très proches, presque inséparables et qu'il y aura une grande complicité entre nous. Et rien d'autre !

Au Vieux Châteleu, sur l'actuel parking de l'auberge refuge, un panneau d'information retrace la vie durant la Seconde Guerre mondiale du résistant Michel Hollard, l'homme qui a sauvé Londres. Le créateur du « *Réseau Agir* » va acheminer en Suisse, au péril de sa vie et tous les quinze jours, avec l'aide de quelques Francs-Comtois et Suisses, des informations essentielles sur les activités allemandes destinées aux services de renseignements britanniques. Grâce à ces informations précises, l'essentiel des bases de lancement des missiles V1 en Normandie sera anéanti par les Alliés à partir de décembre 1943, empêchant ainsi le lancement de dizaines de milliers de V1 sur Londres et les ports où se préparait le débarquement. Son chemin vers la Suisse, appelé le chemin Michel Hollard, passait ici au pied du Mont-Châteleu.

Au soir venu, je prends des nouvelles de mes amis de Goumois. Antoine, le plus jeune, est déjà tout près de Pontarlier. Il a une journée d'avance sur moi. Denis est resté un jour au repos à Morteau, chez des amis, pour soigner une vilaine ampoule à un orteil.

Demain, je ferai une petite étape de 17 kilomètres. Ce sera presque un jour de repos et je pourrai en profiter pour récupérer les quelques forces qui m'ont fait défaut aujourd'hui.

Montlebon (25) – Vue sur Derrière-le-Mont

Vendredi 28 juin – de Le Rozet à Hauterive-la-Fresse
J24 • 18,1 km • D+ 605 m • D– 515 m • 5h37 • 19 839 pas

Cette courte étape est la bienvenue. Le rythme est un peu élevé et j'ai besoin de récupérer. Et comme il n'est pas prévu que je prenne un jour de repos, il faut que je profite des journées moins chargées pour respirer un peu. Depuis mon départ de Wadern le 5 juin, j'ai marché 570 kilomètres et dépassé les 15 000 mètres de dénivelé positif. Mes chaussures sont presque à l'agonie. Il faudra pourtant qu'elles tiennent — ou plutôt que je tienne dedans — jusqu'au 6 juillet, date de la relève à Dole.

Cette petite étape qui va m'emmener jusqu'à l'auberge de La Perdrix ajoutera 600 mètres de dénivelé au compteur. Mais avant de commencer à monter, je descends vers Les Gras et passe par la cascade des Chaudières. L'eau, dévalant les pentes du Mont-Châteleu a creusé ici un petit vallon dans la roche calcaire. Au fond de ce vallon se trouve une belle chute d'eau. Le ruisseau forme plusieurs cascades sur un dénivelé d'une trentaine de mètres. La plus haute des cascades mesure quatre mètres de hauteur. L'ensemble des cascades se répartit sur 120 mètres de longueur. Deux jours plus tôt, je n'aurais pas pu y accéder. Le ruisseau était en crue à la suite de l'orage violent qui s'est abattu ici. Cette cascade sera la seule curiosité touristique du jour.

Je fais quelques kilomètres avec un couple de jeunes randonneurs qui suit la GTJ pendant quelques jours. Le garçon est déjà venu deux fois à la « Foire du Livre » (sic) de Montmorillon, m'a-t-il dit. Leur randonnée s'arrêtera demain midi à Pontarlier, où ils prendront un train pour rentrer chez eux à Angers.

En suivant la crête des Rochers du Cerf et la frontière suisse, à 1200 mètres, je m'offre quelques panoramas sympathiques. Voici la borne n° 126. Et surprise, c'est du côté français que la fleur de lys est colorée en jaune sur fond bleu. Je commençais à croire que l'entretien des bornes ne concernait que les Suisses avec leurs chevrons rouges !

Pour une fois, j'arrive tôt à l'auberge isolée perdue dans la nature. Le gîte et le couvert m'y attendent. Pour le couvert, pas de souci. Je prends même le temps de siroter une bière sur la terrasse.

Pour le gîte, il va falloir que je compose avec un événement imprévu. En réalité, je comprends vite que je suis le seul client « payant » ce soir. L'auberge a été privatisée tout le week-end par Capucine, la fille du patron. Elle fête ses 25 ans. Si l'apogée de la fête est prévu pour demain, une dizaine d'invités est déjà arrivée. Et malgré le fait que Capucine, qui occupe un poste important dans la haute finance parisienne et fait la fierté de son père, a des invités très élégants, bien propres sur eux et d'une grande correction, je m'attends à une soirée difficile dans ma chambre, dont l'isolation phonique laisse à désirer. La fenêtre donne sur la terrasse où le punch coule à flots. La musique, au volume pourtant raisonnable, correspond exactement à celle qui va m'empêcher de m'endormir à une heure décente pour un randonneur fatigué. Étonnamment, ni le style ni le volume ne me conviennent.

Peut-être aurais-je dû m'incruster dans cette fête pour profiter de ces joyeuses agapes ? J'aurais raconté mes aventures pédestres en romançant mes péripéties, voire en inventant quelques épisodes pour capter l'attention. Ou alors, j'aurais parlé, en l'enjolivant, de mon passé professionnel de cadre supérieur dans une grande banque européenne. Entre gens de la finance, on doit se comprendre. Je les aurais peut-être impressionnés ?

Si au moins il se mettait à pleuvoir… même pas !

Tant pis, je me vengerai demain matin à 7 heures en claquant les portes.
Je partirai tôt pour arriver à Pontarlier avant les orages.

Samedi 29 juin – de Hauterive-la-Fresse à Pontarlier
J25 • 24,1 km • D+ 515 m • D– 708 m • 6h30 • 26 013 pas

Je suis plutôt satisfait de mes « *Boules Quies* ». Cette nuit, elles m'ont été d'un grand secours car, malgré les efforts de Capucine et de ses amis soucieux de bien se comporter, la retenue s'est rapidement évaporée sous l'effet des verres de punch.

Non, il ne faut pas que je me plaigne. Ç'aurait pu être pire. Au moins, il me semble avoir dormi de 2 à 7 heures. C'est déjà bien. Aussi, considérant que premièrement, il faut bien que jeunesse se passe, et que deuxièmement, je me dois d'aborder la chose avec philosophie, je reste optimiste et me dis que si je dors mal une nuit, je dormirais certainement mieux la nuit suivante. Je me suis donc levé en silence ou, à tout le moins, sans faire de bruit inutile par pur esprit de vengeance. Et finalement, je me rends compte que tout va bien et que je suis en bonne condition, physique et morale.

Mon objectif du jour est triple : aller prendre le château de Joux… en photos du haut des belvédères qui le surplombent. Puis arriver chez Pierre, mon hôte, vers 15 heures pour éviter les orages annoncés. Et enfin, laver mon linge et espérer que les conditions météo permettront un séchage dans la soirée. J'ai vraiment une vie simple, des activités domestiques mineures et des préoccupations primaires. Comment imaginer qu'avec ça je puisse écrire toute une histoire ?

En passant par Les Alliés, je retrouve les quatre amies dont j'ai parlé avant-hier. Nous faisons quelques kilomètres ensemble et poursuivons nos conversations comme si nous nous connaissions depuis vingt ans. Nous cheminons ensemble jusqu'au Moulin Maréchal. Un troupeau de vaches laitières sortant de la traite vient vers nous à une allure d'escargot. Je me lasse d'attendre qu'elles passent devant nous pour entrer dans leur enclos. Je décide donc de passer par-dessus une clôture pour traverser le champ sur ma gauche.

La Cluse-et-Mijoux (25) – Fort de Joux

Par inattention, je m'ouvre superficiellement la cuisse sur un fil barbelé. L'estafilade que je vais porter au-dessus du genou pendant plusieurs mois me donnera une allure d'ancien combattant ayant connu des jours difficiles sur le front. Je laisse ici mes quatre compagnes de route moins téméraires et moins pressées. Je ne les reverrai plus.

J'avance à un bon rythme ce matin. Et malgré ma jambe sanguinolente que je nettoierai plus tard, sans m'arrêter, j'arrive symboliquement au point le plus méridional de ma première partie de voyage, au fort Malher, face au château de Joux. Il est 12h30. J'ai parcouru 16,77 km aujourd'hui et 640 km en 25 jours. J'ai dépassé les 16 000 mètres de dénivelé. Et je suis rudement fier de moi et de mon corps parfois un peu malmené.

À partir de cet instant, je quitte le GR 5 qui file vers Nice. J'abandonne la GTJ et je mets le cap au nord-ouest en direction de Besançon. Là, maintenant, cette fois, c'est sûr, je suis sur le chemin du retour vers Montmorillon.

J'arrive à Pontarlier vers quinze heures, comme prévu. Je traverse encore deux fois le Doubs. Je prends le temps de visiter l'église Sainte-Bénigne et j'en oublie de manger mon sandwich.
Mes vêtements sont lavés et ont le temps de sécher sur le balcon de la maison de Pierre, professeur de musique et coach vocal, qui me loue une chambre pour la nuit. J'ai même le temps d'aller dîner dans un restaurant sympathique et de revenir à mon logis avant que n'éclatent de violents orages à la nuit tombante.

Demain, je file vers la source de la Loue et les gorges de Nouailles par le GR 145. Il paraît qu'il fera mauvais temps toute la journée avec une baisse des températures de dix degrés.

Dimanche 30 juin – de Pontarlier à Mouthier-Haute-Pierre
J26 • 26,5 km • D+ 521 m • D– 962 m • 7h18 • 29 793 pas

La journée a bien commencé ce matin à Pontarlier. Les prévisions météo ne sont pas bonnes, certes, mais je suis ravi et impatient de rejoindre la vallée de la Loue. Car les avis sont unanimes : c'est superbe !

Lorsque je pars, il fait 15 °C, il ne pleut pas mais le vent souffle fort. Je profite d'une première partie de parcours plate pour forcer l'allure. En une heure, j'ai déjà parcouru cinq kilomètres. Je traverse Vuillecin rapidement. Quelques Grenouillards me saluent. C'est ainsi que se nomment les habitants de ce village. Il semblerait que ce gentilé trouve son origine dans l'abondance de grenouilles dans la région autrefois.

Il y a de l'effervescence à la mairie en ce jour d'élection. Face à celle-ci, l'église Saint-Claude, avec son clocher de tuiles vernissées et ses quatre statues dorées posées sur des piliers devant l'édifice, attire l'œil. Saint Claude, saint Martin, saint Georges accompagnent la Vierge Marie.

De l'autre côté, le tas de fumier — doré lui aussi — qui s'élève derrière l'église au-dessus des murets de la cour de ferme constitue une autre forme d'art rural avec une touche d'authenticité, plus économique que spirituelle. J'en souris. Moi qui ai grandi dans les années 1960 dans une petite ferme du Poitou où le tas de fumier était presque devant la porte, j'aime croiser ces petites exploitations encore au cœur des petits villages. Elles résistent tant bien que mal à leur élimination programmée, comme en ville disparaissent les petits commerçants et artisans au profit des grandes surfaces périphériques.

Depuis Pontarlier, je marche sur le GR 145. C'est ici que se trouve la via Francigena, qui relie Canterbury en Angleterre à la Ville éternelle, Rome. Un chemin emprunté par des pèlerins en sens inverse au mien. Je n'en croiserai aucun aujourd'hui.

Bientôt, les premières gouttes font leur apparition. Mon sac à dos est protégé. Je revêts mon poncho avant de quitter la zone boisée où je suis à l'abri du vent. Pas pour très longtemps. Sur le plateau dépourvu d'arbres et de buissons, la pluie cinglante est froide. Quel contraste avec la chaleur orageuse de la veille !

Une heure plus tard, il pleut toujours. Retrouvant un espace boisé, je tombe sur un point de ravitaillement d'une marche organisée par des associations du Val d'Usiers qui se sont unies pour un week-end sportif et festif. Des trails étaient proposés hier et des randonnées le sont aujourd'hui. Opportuniste, je profite de leur invitation à manger un morceau. Un quartier d'orange fera l'affaire. J'en profite pour discuter un bon moment, comme d'habitude ! D'où je viens, où je vais, pour quelle raison je fais ça. Et non, je vous assure : je ne m'ennuie pas tout seul et je n'ai pas peur non plus.

Il est 12h30 et j'ai déjà fait 11,3 km. La moitié de l'étape du jour. Du moins, c'est ce que je crois à cet instant. La pluie s'est calmée. À Ouhans, je prends place dans un abri d'arrêt de bus pour manger au sec. La pluie reprend de plus belle. Je temporise. J'attends qu'elle cesse pour sortir de mon refuge.

Je range le poncho et prends ma veste de pluie pour avoir moins froid.

La chapelle Notre-Dame-des-Anges, construite entre 1862 et 1875 sur le sommet plat d'une colline qui fait face à Ouhans, est remarquable par sa taille et sa forme. Elle est décagonale. C'est un polygone régulier à dix côtés. Il y a donc une place pour les neufs chœurs d'anges, et une pour la Vierge. L'entrée aurait dû se trouver, comme toujours, à l'ouest, et le chœur à l'est. Mais le constructeur a opéré une légère rotation pour que l'entrée soit face au village.

Poursuivant sur le GR 145 sur un chemin boueux (il y avait longtemps !), j'arrive bientôt à l'attraction majeure du jour : la source de la Loue où l'eau jaillit d'une grotte sombre et profonde au pied d'une falaise de 150 mètres. Le 11 août 1901, à Pontarlier, l'usine Pernot est frappée par la foudre et prend feu. Cette usine produit de l'absinthe. L'alcool est déversé en catastrophe par centaines de milliers de litres dans le Doubs pour éviter l'explosion des cuves.

Ouhans (25) – Source de la Loue

Le surlendemain, la Loue a pris un coloris jaune doré avec des reflets verts. Le lien est très vite établi et permet de découvrir que la Loue est, pour partie, une résurgence du Doubs. En effet, peu après Pontarlier, une partie des eaux du Doubs s'engouffre dans une faille et ressort à des kilomètres de là, sous le nom de Loue. Et voilà comment l'eau du Doubs, devenue eau de la Loue, retrouvera le Doubs plus loin, à Dole, où je m'arrêterai en fin de semaine.

Pour rejoindre Mouthier-Haute-Pierre, j'avais prévu d'emprunter le GR 145 en suivant la rive gauche de la Loue au fond des gorges de Nouailles. Mais un arrêté en interdit l'accès en raison de travaux de sécurisation. J'hésite un instant mais je me ravise en pensant qu'il ne faudrait pas qu'il m'arrive quelque chose ici. Par prudence, et aussi parce que je suis plutôt en forme, je vais suivre la déviation par les belvédères. Je me dis que la vue d'en haut sera sans doute très belle. Et puis, allez, trois ou quatre kilomètres de plus, ce n'est pas la mer à boire ! Mais je vais rapidement déchanter.

La pluie reprend à nouveau et elle ne s'arrêtera plus. Le sentier boueux et glissant est mal entretenu et parfois noyé dans la végétation. J'ai les jambes et les pieds vite trempés. Je dois faire attention à chaque pas. Tout ce qui se trouve au sol est un piège. Il faut éviter les racines et les pierres trop plates, trop rondes. Ce sont des savonnettes. La boue est de la partie dans les creux. Bref, c'est une encore fois la galère.

Grimpant à 750 mètres d'altitude, je suis bientôt dans les nuages ou peut-être dans le brouillard. Quel bel automne, pensé-je, en repérant de beaux cèpes et quelques girolles qui auraient été excellents dans une tourte forestière ! La brume donne aux grands arbres des silhouettes envoutantes et mystérieuses. Les plus hautes branches se fondent dans le brouillard. En d'autres circonstances, cette ambiance mystique, presque magique, m'aurait séduit. Mais la magie n'opérera plus lorsque, arrivé aux belvédères bien identifiés sur la carte et confirmés par mon positionnement GPS, je n'y découvre aucun panorama. La vue sur les gorges n'est que brouillard épais. Je n'y vois que du blanc.

Mouthier-Haute-Pierre (25) – La Loue

La descente des crêtes vers la vallée où se trouve mon hébergement à Mouthier-Haute-Pierre, sous la pluie, est aussi laborieuse que le reste de l'après-midi. Entre les chemins détrempés et les rampes bétonnées, pourtant striées, qui ont plutôt les caractéristiques d'une piste de bobsleigh tant elles sont glissantes, je manque à plusieurs reprises de perdre la verticalité qui caractérise si bien le bipède en action.

Et pour comble de bonheur en ce dimanche 30 juin, funeste à plus d'un titre, en rapport avec une actualité législative de plus en plus affligeante, je ne trouve aucun restaurant ouvert à proximité. Je grignote quelques calories sorties du sac et je vais attendre le petit-déjeuner pour repartir sur de meilleures bases demain matin. En espérant que le soleil sera enfin de la partie et me permettra d'apprécier le site paradisiaque qui peut vite, comme aujourd'hui, prendre des airs déplaisants. Oui, c'est ça, c'est un peu comme l'actualité générale du jour. C'est déprimant !

Et pourtant, le bonheur d'être ici, vivant, en mouvement, est parfaitement entier et incomparable. Et le seul fait de terminer la journée avec cette photo de la Loue prise sur le pont de Mouthier-Haute-Pierre en arrivant dans le village à 18h15 suffit à mon bonheur. Ce cliché, avec cette montagne sombre et fantomatique émergeant de la brume, les verts variés des berges, les reflets argentés de la rivière, la lumière peinant à percer les nuages bas et refusant que l'obscurité s'installe trop vite, efface à lui seul tous ces petits tracas de la journée qui, finalement, permettent de construire l'aventure et de la vivre avec davantage de puissance.

Lundi 1er juillet – de Mouthier-Haute-Pierre à Ornans
J27 • 16,8 km • D+ 196 m • D– 282 m • 4h17 • 17 661 pas

Oh qu'elle est belle, la vallée de la Loue, quand on la parcourt à pied entre Mouthier-Haute-Pierre et Ornans !

Ce matin, comme chaque jour je jette un coup d'œil sur la météo, puis sur ma feuille de route. Des orages sont prévus cet après-midi et je vais vivre la plus courte étape de mon périple : 15 kilomètres seulement et peu de dénivelés. Je pars à 10 heures. Le hic, ce sont mes chaussures encore trempées, mais les semelles, que j'avais pris le soin d'enlever, ont séché. La température est agréable et le ciel clément.

On me conseille de monter à Haute-Pierre pour admirer le panorama que j'ai raté hier mais je préfère en rester à ce que j'avais initialement prévu. Je me satisferai de la vue sur Mouthier depuis le promontoire de la Vierge de Sainte-Foy. Je tiens à arriver avant 15 heures. Mon souci aujourd'hui, c'est que même en marchant vite — 6 km/h par moment —, je perds un temps fou à prendre des photos et à me rallonger en opérant quelques détours.

Je visite d'abord Lods, un des plus beaux villages de France où les forges et le travail de la vigne ont longtemps rythmé la vie des habitants. Il est construit à flanc de montagne avec, dans le haut, les anciennes maisons de vignerons et le château qui s'accrochent à la pente, dans le bas les moulins et les forges avec les nombreux barrages aménagés sur la Loue.

À mi-parcours, je traverse Vuillafans, un village dont l'histoire ancienne est liée à ses deux châteaux qui le dominent de part et d'autre de la vallée. « Châteauvieux » (XIe), situé à un kilomètre de Vuillafans, a brûlé en 1807. Il a ensuite été reconstruit et est encore habité aujourd'hui. De « Châteauneuf » (XIe), il ne reste que des ruines. À l'instar de Lods, il y a un siècle, Vuillafans était riche de ses 2000 hectares de vignes. Mais la concurrence de vins meilleurs venus du Midi de la France et le phylloxéra vinrent donner le coup de grâce à l'exploitation des vignobles de la vallée.

Je constate une fois de plus que je suis fatigué en matinée. Et cela se produit lorsque j'ai pris l'eau et le froid la veille. C'est certain, mon organisme a des difficultés à supporter ces écarts de température incessants. Après une courte pause sandwich, je m'active pour finir les sept derniers kilomètres avant que la pluie ne me précède à Ornans. Le ciel s'assombrit déjà.

Je suis à l'abri dans mon gîte à 14h50 ; un record ! L'orage éclate peu après. Si arriver chaque soir au terme de l'étape est toujours une petite victoire, y parvenir avant la pluie compte double ! Je laisse l'averse passer et je profite de cet après-midi de repos à Ornans pour aller visiter la ville et le musée Courbet. Là, je me rends compte que je fais vraiment partie des vieux en payant tarif réduit après avoir donné mon âge. Jusqu'à présent on ne m'avait pas proposé le tarif « seniors » et, par coquetterie, je ne l'aurais pas réclamé.

Gustave Courbet est né le 10 juin 1819 à Ornans. Auteur de plus d'un millier d'œuvres, Courbet, chef de file du mouvement réaliste, est l'un des artistes les plus puissants et les plus complexes du XIXe siècle. Ses toiles s'opposent aux critères de l'académisme, à l'idéalisme, aux outrances romantiques. Il transgresse la hiérarchie des genres, il provoque le scandale chez ses contemporains et l'attrait de collectionneurs privés, perturbant les frontières de l'art. Je retiendrai de ma visite au musée l'importance des paysages dans l'œuvre de Courbet. Pour lui, « *le beau donné par la nature est supérieur à toutes les conventions de l'artiste* ». Le paysage est peint pour lui-même, sans aucune référence historique ou littéraire, contrairement aux attentes académiques de l'époque, avec une base picturale sombre.

> « *Cela vous étonne que ma toile soit noire ! La nature, sans le soleil, est noire et obscure ; je fais comme la lumière, j'éclaire les points saillants, et le tableau est fait.* »

> « *Pour peindre un pays, il faut le connaître. Moi, je connais mon pays, je le peins.* »

Ornans (27) – La Loue et le château

Mardi 2 juillet – d'Ornans à Saône
J28 • 27,6 km • D+ 664 m • D– 588 m • 8h03 • 30 079 pas

Je pars d'Ornans plus tôt ce matin. En théorie, j'ai 25 kilomètres et 700 mètres de dénivelé positif. L'intermède plat et reposant d'hier est terminé. Je suis encore dans le Doubs et le relief est mouvementé. En réalité, je vais ajouter deux kilomètres pour faire valider mon identité par un agent de l'État habilité que je dois normalement trouver à la gendarmerie d'Ornans. Je pourrai ainsi voter par procuration dimanche prochain. Il m'avait été impossible, à mon grand désarroi, de trouver un gendarme à proximité du GR 5 pour le premier tour des élections législatives. J'ai même pensé à maugréer contre la déliquescence de l'administration française, mais je me suis ravisé. Ça n'aurait rien changé à ma situation.

Après avoir rejoint le chemin que je m'étais tracé, perdu dans mes pensées, j'oublie de tourner. Mais l'ancien du « 15 bis » qui vient de récupérer son journal dans sa boîte aux lettres m'interpelle. Il a tout deviné de mon parcours en me voyant prendre la mauvaise direction.
— Pour aller au château, il vaut mieux passer par là, me dit-il en me montrant la rue sur ma gauche.
— Vous verrez aussi la fontaine aux vipères, ajoute-t-il avec un léger sourire.
— Ah ! Et il y a des vipères ? Vraiment ?
— Y'en a plus. Dans l'temps, y'avait les bonnes femmes du château qui allaient laver leur linge, m'a-t-il répondu en rigolant, content de son coup.

Plus loin, un panonceau mentionne que ce serait Gustave Courbet qui aurait donné ce surnom à cette fontaine pour les mêmes raisons ! De là à penser que tous les lavoirs étaient infestés de vipères. Ce serait abusé de prêter à la gent féminine des intentions malsaines. À moins que nous n'établissions une comparaison avec les conversations de bistrots de ces messieurs pour rétablir un certain équilibre dans l'art raffiné du commérage et de la médisance.

L'œuvre que Courbet a intitulée « *Le Château d'Ornans* » représente le lavoir en avant-plan, le château en haut à gauche, ainsi que la ville d'Ornans en contrebas. C'est une représentation d'artiste qui ne peut être observée en réalité. Mais il est tout de même émouvant de se trouver, le temps d'une minute, à l'endroit même où il a (peut-être) posé son chevalet.

La vue sur Ornans et la vallée de la Loue du haut des ruines du château est superbe. Je pousse (très fort !) la porte de la chapelle Saint-Georges. Je ressentirais un manque à ne pas détourner mes pas vers ces édifices qui ont traversé les siècles et où l'histoire des hommes s'est inscrite avec ferveur.

Me voilà quittant maintenant cette superbe vallée de la Loue pour « basculer » vers Besançon en deux étapes. Je m'arrête ce soir à Saône.

Je croise, l'une après l'autre, trois sections de jeunes militaires encadrés par deux gradés. En dehors du « *bonjour monsieur* » de convenance du chef de section et de quelques timides « *bonjour* » tout court des jeunots, pas de conversation possible avec ces gars-là. La mission est la mission et rien ne peut ni les arrêter ni les détourner de celle-ci. Eux, ils montent, et moi je descends. Et j'essaie de ne pas glisser avec mes pneus lisses ! Vivement samedi, pour que je prenne possession d'une nouvelle paire de semelles.

Töpffer, déjà cité pour ses conseils sur le contenu du sac, accorde davantage d'importance à ses chaussures :

« Pour le voyageur à pied la chaussure est tout, le chapeau, la blouse, la gloire, la vertu, ne viennent qu'après. »

Je m'accorde une petite pause vers midi à l'ancien prieuré du Bonnevaux-du-Bas et je repars en me mêlant délibérément à un groupe de marcheurs du club de retraités de Saint-Vit. Ils sont une trentaine. Et s'ils sont aussi nombreux, c'est parce que le repas au restaurant est prévu juste après. Je connais. J'en profite pour parler de mon voyage et de mes expériences. Un jeune — enfin un jeune enfant, pas un jeune retraité ! — est très intéressé par les aspects pratiques de mon aventure. Je lui dis tout. Même les données économiques du projet, puisqu'il me demande carrément combien coûte une randonnée comme ça.

Ils ont le pied alerte, ils avancent vite, mes amis retraités. Sans doute parce que *« ça sent l'écurie ! »*, comme disaient nos anciens en voyant le pas des chevaux s'accélérer à l'approche de la ferme où les mangeoires remplies de foin les attendaient. En effet, ils s'arrêtent bientôt au restaurant de Plaisir Fontaine où je les laisse, près d'une pisciculture et à quelques centaines de mètres de la source d'une rivière qui sort d'une large grotte dans laquelle une brève excursion, bien qu'interdite, s'impose.

Le temps n'est pas sûr. On aura peut-être bien de la pluie, pour changer. Le ciel est couvert et le vent est frais. Pour manger mon casse-croûte assis, je trouve un abri dans une ancienne bascule publique à Foucherans. C'est encore la récréation à l'école primaire voisine. Je dis encore, mais finalement je me rends compte de la présence des écoles uniquement pendant les récréations. Ça va me manquer la semaine prochaine. Mais ça ne manquera certainement pas aux écoliers qui ont hâte d'entendre la cloche sonner.

Lorsque je rencontre deux randonneurs suffisamment équipés pour ne pas être confondus avec des cueilleurs de champignons, j'engage la conversation tout de suite.

— Vous faites la via Francigena ?

Ils acquiescent. Partis de Langres, ils veulent rejoindre Aoste pour la mi-juillet. La suite, en Italie, sera pour l'année prochaine. Maryse et Jean-Yves sont des itinérants mordus depuis leur retraite et la liberté retrouvée après la crise du Covid.

Lorsque je parle de Montmorillon, ils réagissent. Ils habitent à Brux, une petite commune rurale de la Vienne au sud de Poitiers. Mais le comble est que nous découvrons en discutant, Maryse et moi, que nous nous sommes déjà rencontrés dans un cadre professionnel, il y a une quinzaine d'années. Cheffe d'entreprise, gérante avec Jean-Yves d'une menuiserie, elle était venue soutenir sa réponse à un appel d'offres pour un marché conséquent. J'étais autour de la table ce jour-là, en tant que chef de projet au sein de la maîtrise d'ouvrage. Bien sûr, nous ne nous sommes pas reconnus, mais ce hasard en ajoute à la dimension de cette étonnante retrouvaille, ici, sur ce GR 145, où ni eux ni moi, n'avions rencontré personne depuis que nous l'avions emprunté.

Évidemment, embarqués dans la même passion dévorante de la marche en itinérance, nous savons que le temps est trop court sur le chemin pour discuter de tout ce que nous aurions envie de nous dire. En une demi-heure, passant d'un sujet à l'autre, on peut brosser son portrait et dresser un résumé de son histoire de vie. Mais ce ne sera jamais assez. La magie des rencontres improbables laisse toujours chacun sur sa faim au moment de se séparer. Car il faut y aller. On s'échange nos numéros de téléphone. On discutera peut-être par les réseaux sociaux ou l'on s'appellera. Et l'on se reverra sans doute au pays. Oui. Il faudra qu'on se raconte la suite de nos aventures.

Lorsque j'arrive à Mamirolle, il me reste six kilomètres à parcourir. La pluie se met à tomber et elle ne s'arrêtera qu'aux portes de Saône. Ce début juillet en Franche-Comté est parti sur les mêmes bases que juin ; la météo est pourrie et cela se confirme chaque jour.

Heureusement qu'il y a les rencontres pour ensoleiller la route et réchauffer les cœurs.

Mercredi 3 juillet – de Saône à Besançon
J29 • 16,6 km • D+ 301 m • D– 443 m • 5h45 • 17 755 pas

Il gèle ce matin. J'exagère à peine. Bon, il fait 14 °C à Saône. Mais un 3 juillet tout de même ! Le patron de l'hôtel Le Comtois ne manque pas d'humour :

— Vous verrez, il fait plus chaud en bas à Besançon !

150 mètres plus bas ? Mon œil ! L'odeur de fumée des feux de cheminée me rassure. Je ne suis pas le seul à geler. Un 3 juillet à 9 heures et demie !

Hier soir et ce matin, nous n'étions que deux clients à l'hôtel en soirée étape. Moi pour le loisir et lui pour son boulot. Curieux, l'un et l'autre, nous avons beaucoup discuté de la marche en itinérance et de son travail dans le commerce du bois. C'est un jeune Breton de Quimperlé qui achète du bois que d'autres ne veulent pas, pour, notamment, l'exporter en Chine.

Les pins et épicéas victimes du réchauffement climatique meurent sur pied. Si certains arbres sont abandonnés dans la forêt pour favoriser la biodiversité, d'autres sont sortis par leurs exploitants qui tentent de leur trouver un débouché. Bien évidemment, vendre du bois de nos forêts à la Chine pour ensuite importer des objets ou mobiliers manufacturés est un sujet polémique. Couper un arbre est clivant. Presque toujours. Exploiter les forêts aussi. Tout dépend bien évidemment du mode d'exploitation. Mais exporter nos arbres en Chine est encore plus difficile à accepter.

J'écoute mon voisin de table avec attention. C'est intéressant d'avoir les arguments des uns et des autres pour se faire un avis le plus objectif possible et garder son libre arbitre.

Je file vers Montfaucon en traversant le marais de Saône. Étonnamment, le chemin qui traverse le marais est plus praticable que bon nombre de chemins des massifs forestiers que j'ai empruntés avant d'arriver ici.

Mon étape est courte et je l'ai encore réduite hier soir en vérifiant le tracé du jour. Je veux saisir l'occasion de mon hébergement au cœur du centre-ville historique pour visiter Besançon. Il me faut donc y arriver de bonne heure.

En chemin, sur le GR 145, je rencontre un couple de randonneurs invétérés. Deux personnages atypiques qui marchent quatre à cinq mois par an depuis quinze ans. Ils s'approchent des 48 000 kilomètres. Ils sont partis de Calais depuis 30 jours pour rallier Lausanne par la via Francigena. Ensuite, ils iront au Puy-en-Velay et termineront leur périple à Conques, en Aveyron.

En les voyant, j'ai cru à une apparition divine. Portant un imperméable rouge sur leur sac à dos, ils ressemblent à deux chevaliers — sans cheval —, d'une autre époque. Lui s'appelle Patrick. Il est Marseillais et soigne une certaine ressemblance avec Jésus-Christ. Elle, Asun est Espagnole. Ils pratiquent leur pèlerinage selon la méthode originelle. Cherchant un hébergement gratuit chez des hospitaliers bénévoles, ils participent librement aux frais d'hébergement et de bouche — donativo —, mais ils ne manquent pas d'être eux-mêmes hospitaliers, en retour, dans des gites sur leur route ou en se rendant dans les refuges des chemins de Saint-Jacques.

Ma méthode est moins traditionnelle et beaucoup plus onéreuse, mais cela ne nous interdit pas de partager nos expériences et d'être en accord sur un point essentiel : la marche en itinérance est un art de vivre exceptionnel.

Au moment de nous séparer, Patrick me souhaite une bonne marche et une longue vie. Il me conseille avec humour de ne pas entrer en EHPAD avant l'âge de 95 ans et de marcher jusque-là d'un pas gaillard.

Plus loin, c'est un couple de jeunes Belges de Gand qui part juste de Besançon pour une semaine. Ils vont eux aussi rejoindre Lausanne. Je parle, je parle et je traîne. Ma bonne moyenne du début de journée fond comme neige au soleil. Un soleil qui fait vraiment défaut aujourd'hui encore.

J'ai choisi de ne pas passer par la citadelle. C'est un site touristique incontournable que je vais pourtant contourner par le sud-est sur le chemin de halage du Doubs. La pluie fait son apparition. D'abord faiblement, puis en s'intensifiant. Arrivé au niveau du square Rivotte, je suis contraint de m'abriter sous le pont Chardonnet. Il tombe des cordes et cela va durer plus d'une heure. Et c'est là, dans des conditions affreuses à plus d'un titre, que je mange mon sandwich debout avec le sac sur le dos en regardant quelques bateaux naviguer sur le Doubs. Quel délire ce 3 juillet !

Arrivé à 15h40, j'apprécie une bonne douche chaude avant de partir à la découverte du centre historique de Besançon en short et pieds nus dans mes sandales, comme si nous étions en été. Je suis d'ailleurs le seul excentrique à déambuler en ville dans cette tenue décalée. Mon sac à dos a beau être très chargé, il ne contient aucune tenue de ville.

Besançon est une ville remarquablement belle avec un patrimoine très riche où se côtoient des vestiges de l'Empire romain, les traces de son appartenance à l'Espagne sous Louis XIV et, bien évidemment, l'empreinte de ce grand écrivain, poète, personnalité politique engagée et humaniste que fut Victor Hugo. Je m'arrête devant la maison où il a vu le jour le 26 février 1802 et pousse le narcissisme jusqu'à prendre une photo avec mon reflet dans la vitrine du 140 Grande Rue.

Faute de temps, je ne visiterai pas le musée… du Temps ni le Musée des Beaux-Arts, place de la Révolution où l'utilisation systématique de la pierre de Chailluz — une roche calcaire locale aux teintes beige et bleu-gris — pour la construction des façades des bâtiments, pour le pavage et la fontaine des eaux d'Arcier, confère au site une belle unité architecturale.

C'est bien là que sévit le dilemme du temps, source de frustration s'il en est. Oui, être embarqué dans une aventure de grande liberté et n'avoir pas assez d'heures dans une journée pour tirer profit de cette disponibilité et de cette envie de dévorer l'instant, c'est frustrant. C'est un peu comme réaliser tout ce qu'on pourrait apprendre chaque jour, en tous lieux et devant toutes choses, et se résigner à devoir se satisfaire d'une compréhension superficielle.

Besançon (25) – Place de la Révolution

Jeudi 4 juillet – de Besançon à Byans-sur-Doubs
J30 • 27,2 km • D+ 290 m • D– 247 m • 6h47 • 29 011 pas

La journée commence bien. Il pleut. Une pluie fine et froide qui ne donne pas vraiment envie de sortir en short. Je commence aujourd'hui une nouvelle série d'étapes qui présentent des profils différents.

Traversant le centre historique de Besançon que j'avais parcouru la veille en touriste, je rejoins le GR 59 non sans me détourner un instant vers le tunnel du canal du Rhône au Rhin qui passe sous la citadelle. D'une longueur de 388 mètres, il a été construit de 1878 à 1882. Le chemin de halage qui le borde a été transformé en piste cyclable. Puis s'enchaînent les kilomètres sur cette piste où je croise — ou me fais dépasser — par des cyclistes au profil différent aisément reconnaissable à leur vélo et à leur tenue. Il y a ceux qui vont au travail, ceux qui sont là pour le loisir, les sportifs et les grands voyageurs.

Je longe le Doubs et le canal du Rhône au Rhin durant 15,5 km. C'est un passage totalement plat. Avec seulement deux mètres de dénivelé positif et quatorze mètres en négatif sur l'Eurovéloroute n° 6, qu'emprunte aussi le GR 59, mes mollets s'ennuient et mes cuisses me demandent d'arrêter ce supplice. Je n'arrive pas à maintenir longtemps une allure élevée. Lorsque l'amplitude des pas et la cadence sont trop importantes sur une durée trop longue et sur du plat ou de la descente, les douleurs reviennent dans les cuisses, parfois les deux, souvent l'une après l'autre.

Il me faut gérer, m'arrêter, me masser, refroidir mes muscles, repartir, moins vite. Ralentir l'allure et rompre le rythme trop régulier. Passer sur un sentier caillouteux ou boueux peut suffire. Là, les pas sont irréguliers. Le simple fait de chercher ses appuis, de zigzaguer, suffit à faire disparaitre les douleurs. Bizarre !

Quelques alpagas échappés de la cordillère des Andes viennent me dévisager d'un air hautain. Et les quelques bateaux amarrés sur le canal apportent leurs touches de couleurs dans ce vert profond sous ce ciel trop gris.

Vers 11 heures, un peu de bleu vient l'égayer. Le timide rayon de soleil fait illusion durant quelques minutes. Déjà, les nuages sombres réapparaissent. La journée ne se passera pas sans pluie, c'est sûr ! Lorsque j'arrive au niveau de l'écluse et du moulin de Thoraise, je suis tout heureux de m'offrir une belle ascension de 160 mètres jusqu'à la chapelle Notre-Dame-du-Mont. Les douleurs cessent et j'éprouve un vrai plaisir à forcer sur mes jambes pour grimper vite, quitte à avoir le souffle court et à transpirer à grosses gouttes. Le plaisir de l'effort certainement. À 380 mètres d'altitude, un belvédère offre une vue sur le canton, le Doubs, le château de Montferrand qui domine la vallée et, au loin, Besançon. Je rejoins ensuite Byans-sur-Doubs en passant de chemins forestiers souvent boueux à des routes plus ou moins tranquilles.

Il sera dit que la pluie ne me laissera pas finir une étape tranquille cette année. J'enfile ma cape et je m'abrite sous des arbres au feuillage épais. Une grosse ondée s'abat. De mon abri précaire, j'ai le temps d'observer le comportement du troupeau de vaches sous la pluie. Je me rends compte du contraste avec ma situation de la veille où je regrettais de ne pas avoir suffisamment de temps pour tout voir alors qu'ici, je suis réduit pour m'occuper, la tête rentrée dans les épaules sous ce chêne qui ne va pas longtemps faire office de parapluie, à observer le comportement des vaches sous les cordes. Je ne peux que constater que nous partageons le même sort au même endroit. Comme moi, elles filent se mettre à l'abri sous des branches dans le champ en face.

Je laisse le GR 59 à Abbans-Dessous. L'absence de sentier de randonnée jusqu'à Byans-sur-Doubs m'oblige à cheminer sur la route départementale aux accotements étroits et trempés. Les deux derniers kilomètres ne seront pas très plaisants.

Je découvre Byans-sur-Doubs, ses vieux panneaux indicateurs Michelin bien entretenus et son église Saint-Désiré, dont le clocher-porche du XIIe siècle surmonté d'un dôme à l'impériale, dans le plus pur style comtois, est classé aux monuments historiques.

Ce soir, je loge à la *Grange du Hérisson*, chez Christine et Alain. J'attends ce moment avec impatience. Avant même d'arriver, j'ai l'impression que nous nous connaissons déjà un peu. Il faut dire que c'est la seule chambre d'hôtes que j'ai réservée par téléphone. Et le hasard, qui s'accompagne parfois de belles surprises, a voulu que Christine et Alain connaissent bien Montmorillon et ses spécialités culinaires, puisque leur fils Nicolas y travaille et qu'ils y viennent régulièrement. Cette coïncidence nous rapproche sans même que nous ayons besoin de l'évoquer.

Je partage la table d'hôte avec Sandrine et Éric, deux Alsaciens qui vont rejoindre à vélo leur fils à Chalon-sur-Saône, en plusieurs étapes. La magie du voyage, le bonheur des rencontres, ces partages éphémères de nos vies et de nos passions, font de ces soirées des moments d'une rare intensité émotionnelle. Nous passons d'un sujet à un autre, du coq à l'âne, de l'un à l'autre d'entre nous, en gagnant en confiance au fil des conversations.
Cette soirée est magnifiée par la présence de Christine et Alain, devenus maîtres dans l'art de recevoir en leur logis, maîtres dans l'art de préparer avec une attention particulière des mets délicieux et maîtres dans l'art de savoir faire plaisir. Ils nous ont rejoints dès que leur service le leur permettait. Ils ne sauraient accepter la moindre fausse note dans leur salle à manger.

Oui, c'est du bonheur de croiser des gens comme eux et d'en faire ses amis.

Forêt de Thoraise (25) — Vallée du Doubs — Montferrand-le-Château et Besançon au loin

Vendredi 5 juillet – de Byans-sur-Doubs à Chissey-sur-Loue
J31 • 20 km • D+ 325 m • D – 282 m • 4h40 • 20 648 pas

Je suis à mi-parcours. Trente jours se sont écoulés depuis mon départ de Wadern. J'ai parcouru 726 kilomètres et gravi 18 168 mètres de dénivelé positif. Je n'ai rencontré aucun problème important. Ou alors j'ai oublié. Je suis surpris de ma capacité à assurer des étapes relativement lourdes avec autant d'aisance. Moi qui pensais être rapidement en difficulté. Eh bien non ! Au contraire, je me suis bien habitué aux longues distances avec parfois un fort dénivelé et je dois avouer que j'ai nettement préféré les étapes les plus dures. Comme s'il y avait davantage de satisfaction à les accomplir. J'ai perdu utilement quelques kilos de gras et retrouvé en remplacement plus de souplesse et de force musculaire. Je suis en bien meilleure forme qu'un mois auparavant.

Bien sûr, la pluie, le vent, le froid, la gadoue… Mais il faut relativiser. Les conditions ne sont pas si difficiles. Je vis une aventure confortable, voire luxueuse. Les petites anicroches ne sont que peccadilles. Un peu de résilience suffit pour tout effacer rapidement. Je pense que je n'aurais d'ailleurs retenu que les meilleurs moments des journées et j'aurais oublié les petits tracas météorologiques si je n'avais pas pris le soin de les noter chaque jour pour les partager. Parce qu'il est plus facile de parler de la pluie et du ciel que de décrire, avec des mots justes et simples, le ressenti et les émotions. Il est plus aisé de dépeindre des objets et des actions que des pensées. La part de l'irrationnel, les connexions avec la nature, la spiritualité qui accompagne la marche, le fait de sentir la terre sous ses pieds dans une relation vivante, sont les perceptions permanentes des randonneurs en action. Elles sont beaucoup plus difficiles à transposer sur le papier et à partager. Ce sont pourtant celles-là qui nous font nous sentir bien sur le chemin et qui nous poussent à reprendre la route chaque jour pour une nouvelle aventure.

Et plus on se sent bien, plus on craint que cela s'arrête trop vite.

Aujourd'hui, il me semble que le 3 août arrivera beaucoup trop tôt. Alors que je commence ce matin la deuxième moitié de mon périple, l'idée même d'arrêter dans trente jours me rend chagrin.

Mes chaussures vivent leur avant-dernière journée. Elles sont au bout du rouleau. Elles sont tordues et déchirées à l'intérieur. Écrasées, elles ont perdu leur amorti. Les crampons sont usés, ils n'assurent plus de grip. J'en parle beaucoup, mais c'est un élément technique essentiel de mon équipement. J'ai choisi depuis plus de six ans des chaussures légères et basses dans lesquelles mes pieds sont bien. Je prends toujours la même marque, la même référence et, bien évidemment, la même pointure 47. C'est un peu trop grand ; alors j'y ajoute une semelle souple de cinq millimètres d'épaisseur. Cet ajout assure un amorti complémentaire et bloque suffisamment mes pieds afin qu'ils ne glissent pas. Il me semble que j'ai ainsi trouvé la formule magique. Je n'ai eu que deux petites ampoules derrière le talon depuis mon départ. C'est anecdotique puisqu'elles ne m'ont pas fait mal en marchant. J'ai presque failli ne pas m'en rendre compte, puisque c'est couché sur le dos, le talon posé sur les draps que je les ai senties.

Ce matin, au petit-déjeuner, en compagnie de Sandrine et Éric, je prends un cours sur la vigne alsacienne. Enfin, sur le petit hectare dont Éric s'occupe en complément de son boulot. Il ne vinifie pas (encore) et travaille avec une coopérative pour assurer la vinification de son pinot noir. Cette saison, la récolte ne sera pas bonne. Il a beaucoup trop plu et les maladies se sont développées.

Ils reprennent l'Eurovéloroute et comptent bien sur le beau temps du jour pour rallier Chalon-sur-Saône avant ce soir. 135 kilomètres à pédaler. Éric est un cycliste confirmé. Sandrine débute sur de longues distances, mais elle pourra utiliser l'assistance électrique sur la fin. C'est bon pour le moral !

Moi, je peine à quitter Christine et Alain et la *Grange du Hérisson*, leur maison familiale depuis plusieurs générations. Alain l'a transformée en une maison d'hôtes remarquable au prix d'un travail de titan. L'album photos préparé minutieusement en scrapbooking par Christine détaille toutes les phases des travaux. Chaque chambre a son album que leurs hôtes peuvent consulter.

Alain joue la montre et m'invite à emprunter son *trage* avant mon départ. En Franche-Comté, le terme « *trage* » désigne un couloir, un passage piétonnier qui permet de traverser un pâté de maisons pour passer d'une rue à l'autre ou, en l'occurrence, de se rendre dans un jardin en passant entre deux maisons contiguës. Ce *trage* est d'époque. Mais de quelle époque ? Le plafond est constitué de poutres en bois espacées de dix à quinze centimètres entre lesquelles des pierres sont posées et collées à la terre.

J'ai le sentiment que mes hôtes ne sont pas trop pressés de me voir partir. Ils me proposent même de m'emmener à Arc-et-Senans en voiture pour me faire gagner du temps et éviter la route jusqu'au GR 59. Je les remercie, mais non, ce n'est pas possible ; mon règlement est très strict sur ce point.

Je pars à 11 heures. Heureusement que l'étape n'est pas très longue. 19 km quand même. Nous nous faisons la bise et nous nous promettons de nous revoir le 3 août à Montmorillon puisqu'ils ont prévu d'y venir en famille. Cette belle rencontre, associée au soleil et à la chaleur revenus, me met en joie ce matin !

Je quitte Byans-sur-Doubs par la route départementale. Trop de voitures qui roulent trop vite me poussent à bifurquer dès que possible sur un chemin noir qui, à la lecture du plan, ne devrait pas me rallonger pour rejoindre le GR 59. Reste à savoir si ce chemin est praticable jusqu'au bout. Une ronce m'égratigne le bras, une autre arrache ma casquette, mais l'aventure s'avère toutefois très facile à mener à son terme.

Le GR enfin retrouvé sera beaucoup moins praticable que mon chemin de traverse en raison des travaux forestiers. Une affiche de l'ONF — Office National des Forêts — explique, avec une pédagogie exagérée, pourquoi les forestiers coupent les arbres dépérissants et comment le bois est traité en circuits courts. Je repense à mon jeune interlocuteur breton à l'hôtel de Saône qui venait négocier avec le propriétaire d'une scierie l'enlèvement d'un lot de hêtres que ce dernier n'arrivait pas à écouler. La réalité est parfois plus complexe à cerner lorsque entrent en jeu des aspects économiques à chaque maillon de la chaîne.

Tiens, des violettes en fleur sur le sentier ! Des violettes en juillet à 400 mètres d'altitude ? Il n'y a donc plus de saisons !

Mon objectif du jour est de visiter l'incontournable Saline royale d'Arc-et-Senans devant laquelle je passe. Après une brève pause à 14h30 pour apprécier le sandwich auquel Christine avait ajouté quelques beignets de courgettes, une part d'un délicieux cake maison à la menthe et aux framboises et deux abricots bio, je passe en mode touriste.

Je laisse mon sac à dos et mes bâtons à l'accueil de la Saline royale et je m'octroie une heure de visite, non sans consacrer la moitié de ce temps à l'exposition « *À l'Affût* » de Vincent Munier, le photographe animalier dont je suis un fervent admirateur, tant pour son œuvre que pour lui-même et ses engagements forts.

Il m'aurait fallu trois heures et au moins un guide pour apprécier la visite de la Saline royale dont le thème est bien évidemment le sel, son origine, son histoire et son exploitation, ici et ailleurs.

La Saline royale d'Arc-et-Senans est l'œuvre grandiose de Claude Nicolas Ledoux, dont la maison du Directeur en forme de croix est le point le plus fort de son projet destiné à exalter le pouvoir royal. La volonté d'édifier la Saline royale en ce lieu est liée à la présence du sel gemme à une profondeur exploitable en Franche-Comté et du bois que la forêt domaniale de Chaux pouvait fournir en grande quantité. Le fonctionnement est similaire à celui de la Grande Saline de Salins-les-Bains. Le sel est obtenu par évaporation artificielle de l'eau salée extraite du sol et chauffée par des feux de bois ou de charbon. Irremplaçable et indispensable pour conserver les aliments au Moyen Âge, le sel est appelé « or blanc ». Et parce qu'il est nécessaire à la vie, il est historiquement une source de recette fiscale pour les états et les empires.

Ainsi, le légionnaire romain touche sa solde en sel. C'est le salaire. Le sel prend une fonction monétaire. En France, le sel est associé à la gabelle créée par Philippe VI de Valois vers 1340. Cet impôt permet tout d'abord de couvrir les dépenses militaires de la monarchie, puis échappe au roi et devient un moyen d'enrichissement des plus riches aux dépens des plus pauvres qui sont obligés d'acheter le sel au prix fort. Devenue injuste, la gabelle est supprimée pendant la Révolution française en 1791, mais les taxes sur les sels ont perduré jusqu'en 1945.

Cette trop courte visite n'est qu'une invitation à revenir plus longuement une autre fois. Comme pour le musée du Temps à Besançon ou tant d'autres richesses que je ne peux pas intégrer dans mon emploi du temps de piéton pressé.

J'ai réservé une chambre d'hôte à Chissey-sur-Loue. Il me reste cinq kilomètres à marcher et je ne veux pas arriver trop tard.

Parce qu'il fait beau aujourd'hui je demande à Martine, qui m'accueille au Lac d'Amour, si elle accepte que j'utilise sa machine à laver afin que mon linge sèche au grand air dans son jardin.

Pendant qu'il finit de sécher, nous nous retrouvons à sept autour de la table d'hôte familiale dressée dehors pour discuter jusqu'à la nuit. Martine et Georges me parlent du pays, de la forêt de Chaux que je traverserai demain et de tout ce que je vais rater dans le coin.

Éric et son épouse accompagnent demain à Dole leur fils Marceau, 12 ans, et leur fille Lisa, 17 ans, qui vont disputer les championnats de France d'aquathlon pour le premier et de triathlon pour la seconde. Lisa espère décrocher le podium. Elle est déjà qualifiée pour une finale européenne en Turquie en septembre, si j'ai bien compris.

Moi aussi, demain je vais à Dole. À pied. Je vais y retrouver des amis montmorillonnais qui m'apportent des chaussures neuves et vont passer deux soirées avec moi.

Arc-et-Senans (25) — Saline Royale (XVIIIe) — La maison du directeur

Samedi 6 juillet – de Chissey-sur-Loue à Dole
J32 • 27,9 km • D+ 235 m • D– 252 m • 6h38 • 30 552 pas

Au nord du département du Jura, de part et d'autre de la Loue, se situe le Val d'Amour. Un nom évocateur de tendresse et de douceur. J'y suis.

Mais en quittant Martine et Georges, et leur chambre d'hôtes Le Val d'Amour, à Chissey-sur-Loue, je devine que la journée ne va pas être synonyme de douceur, caresses et plaisir. Il pleut par intermittence depuis le lever du jour.

Je profite d'une courte accalmie pour me rendre à l'église Saint-Christophe du XIIIe siècle, dont le clocher se détache loin à la ronde. Elle se singularise par ses 64 figures fantaisistes aux visages grimaçants sculptées au sommet des colonnes. Cette particularité fait que les habitants portent le gentilé de « *Babouins* ». Je pourrais en rire. Mais les auteurs du livre « *L'église Saint-Christophe de Chissey-sur-Loue (Jura), dix siècles d'histoire* » donnent l'explication suivante : « *La tradition rapporte que Chissey était autrefois un centre de pèlerinage pour les fous et insensés* ». Il est ainsi possible d'émettre l'hypothèse que ces « *corniches dites des Babouins représentent ces pèlerins particuliers* », poursuivent les auteurs. Je me sens maintenant concerné, car je réunis indiscutablement plusieurs critères caractérisant un pèlerin insensé.

C'est dans ce village que fut tourné le film de Claude Chabrol « *La Ligne de démarcation* », sorti en 1966 avec nombre d'habitants comme acteurs et figurants. La Loue matérialisait effectivement la frontière entre la zone occupée et la zone libre après la défaite de 1940 et jusqu'au 1er mars 1943.

Il est 10 heures et la pluie redouble d'intensité. Je suis maintenant en rase campagne en direction de la forêt de Chaux. L'averse va durer assez longtemps pour me tremper. Le ton est donné. Lorsque j'entre dans la forêt, la deuxième plus grande forêt de feuillus de France après celle d'Orléans, je me rends compte que, sous ces grands arbres, il continue de pleuvoir longtemps après l'averse. Les feuilles s'égouttent. Je garde mon poncho dont je viens de constater qu'il n'est plus imperméable à un endroit stratégique. La soudure s'est décollée sur la nuque et l'eau pénètre par la couture. Je porte donc une protection qui ne me protège plus. Les longues allées rectilignes et parallèles de la forêt ne peuvent être animées que par l'apparition espérée d'un grand cervidé. Il n'en sera rien. Seuls deux chevreuils détalent sur ma gauche en sous-bois et j'ai à peine le temps de les apercevoir. Je n'ai donc pour seule distraction que le chant des oiseaux et le bruit des gouttes d'eau tombant du feuillage. Lorsque je rejoins le GR 59A, le tracé est différent. Le sentier court dans la forêt. Les lignes droites sont brisées et c'est moins monotone.

J'ai les pieds trempés depuis le premier kilomètre de cette étape qui en comptera 27. Je suis également mouillé sous mon poncho, autant de sueur que de pluie. Le temps va me paraître bien long, pensé-je. Je m'organise et je prévois ma pause casse-croûte à La Vieille-Loye. Il s'agit de la seule commune du Val d'Amour à être située non en lisière, mais au cœur de la forêt de Chaux. C'est une clairière de 275 hectares noyée dans 22 000 hectares d'arbres. J'espère y trouver de quoi m'asseoir au sec.

J'avance sur des sentiers tantôt boueux et glissants, tantôt parmi une végétation qui me trempe les jambes et les pieds. J'ai le sentiment que les herbes hautes prennent un plaisir fou à déverser des litres d'eau dans mes chaussures.

Midi. La pluie est encore plus forte. J'arrive dans la clairière de La Vieille Loye. Sous ce déluge, il n'y a pas âme qui vive dehors. Normal. Des vaches, paisibles malgré la pluie, me fixent avec insistance pendant que je passe. Elles semblent se demander ce que ce fou — ce Babouin ? — fait dehors.

Mais il n'y a donc rien pour s'abriter ici ?

Si ! L'aubette devant la mairie. Je m'y installe et la pluie cesse. Je fais une pause de 45 minutes. La température est douce (19 °C), mais je suis trempé et j'ai froid. Je repars sans poncho. Il est dégoulinant, à l'extérieur et à l'intérieur. Je n'ai pas envie de le remettre pour l'instant.

Je ne m'écarte pas de la route que j'ai tracée, c'est la plus courte, la plus directe, la plus rapide. Je ne vais donc pas visiter le site historique des *Baraques du 14*. Et je n'aurais pas l'occasion d'aller glisser un vœu dans les plis de l'écorce du vieux chêne. Un arbre majestueux qui en impose par sa rectitude et la distribution harmonieuse de ses branches. Cet arbre possède une extraordinaire particularité : il est le « *chêne à vœux* » de la forêt de Chaux. C'est un des très rares arbres à vœux de France. Des centaines de petits billets pliés sont glissés dans les interstices de son écorce. Il paraît que ce vieux chêne communique avec les esprits de l'air et de la terre et qu'il permet la réalisation des souhaits les plus secrets. Mais à la condition, surtout, de ne pas extraire les petits billets de l'écorce pour lire les vœux formulés par les autres. Quel vœu aurais-je pu former ? J'ai déjà tout ce dont je rêvais. Être ici aujourd'hui et avancer sur mes deux jambes est un privilège sans égal. Ah si ! Peut-être aurais-je pu émettre le souhait de voir la pluie cesser et le soleil revenir ?

Le ciel va m'accorder 45 minutes de répit. Pas davantage. Lorsque je regagne la forêt après avoir traversé la clairière, la pluie reprend. Je découvre une étonnante zone couverte de galets sans aucun cours d'eau à proximité. En réalité, la forêt de Chaux est une exception géologique. Elle se trouve sur un amas de cailloutis alpin. Au début du Quaternaire, quelque deux millions d'années plus tôt, un immense fleuve coulait ici. Il était alimenté par les glaciers qui couvraient l'Europe. Ce fleuve gigantesque effectuait un gros virage vers le sud au contact du massif des Vosges et de la Forêt-Noire et, arrivé à l'emplacement actuel de la forêt de Chaux, se déversait dans le lac Bressans. Il s'agissait d'une véritable mer intérieure de 170 km de long et 90 km de large. Au fond de ce lac peu profond, le fleuve déposait toutes les alluvions qu'il transportait. Sous mes pieds il y a une couche de 70 mètres de galets. Voilà pourquoi le sol est ici tellement pauvre que seule la forêt a pu s'y installer. Un vieux dicton dit : « *À La Vieille Loye, les poules meurent de faim les jours de moisson.* » Quant au fleuve gigantesque qui coulait en direction du sud, il existe toujours, mais coule désormais vers le nord. C'est le Rhin, dont le cours a été dévié, à Bâle, très exactement.

Sans rien savoir, bien évidemment, de cette histoire que je découvrirai plus tard, mais subjugué sur l'instant par ce lieu singulier, je ne peux résister à l'envie d'emporter un souvenir. Je vole un galet à la forêt. C'est interdit, je le sais ! Ce caillou noir provenant des Alpes, poli par les glaciers et les eaux du fleuve, présente à mes yeux les dimensions idéales d'un beau trophée. Il mesure 10 cm de long, 5 cm de large et 1 cm d'épaisseur. Il pèse 94 grammes et tient tout juste dans le creux de ma main fermée. Ramassé au 760ᵉ kilomètre, il sera le symbole de ma traversée enchantée. Ce simple galet est une fenêtre ouverte sur le passé. D'où vient-il ? Combien de centaines de kilomètres a-t-il parcourues, charrié par les glaces et les eaux ? Combien de temps lui a-t-il fallu pour qu'il soit ainsi poli sur tous ses angles, jusqu'à obtenir cette forme arrondie qu'il a acquise pour l'éternité ? Pourquoi s'est-il arrêté ici ? Que peut-il révéler des aspects de l'histoire géologique et climatique de l'Europe ? Et aurait-il pu aussi servir d'outil aux premiers êtres humains à leur arrivée ici ? Parmi des millions d'autres galets, il n'a, très vraisemblablement, jamais été saisi par une main humaine depuis qu'il existe sous cette forme-là, alors je suis le premier. Et j'en suis rudement fier. Il aura son utilité. Il me servira de presse-papier. Je change sa destination mais je ne touche pas à son éternité.

Après quelques coups de tonnerre, la pluie s'intensifie. Le sentier, par endroit, est impraticable. J'essaie machinalement d'éviter les flaques d'eau et de boue. C'est idiot. Mes pieds sont déjà trempés, je peux bien sauter dans les trous d'eau, ça ne changera rien à ma situation.

La pluie s'intensifie encore. J'ai hâte d'arriver. Je n'éprouve plus de plaisir à marcher. Il me faut juste avancer. Je compte les kilomètres restants. Grâce à sa fonction « *water lock* », ma montre à écran tactile reste utilisable sous la pluie. Les hectomètres qu'elle affiche sont mon réconfort.

Mais je ne peux pas me plaindre. De quoi pourrais-je me plaindre ? Je suis libre. J'ai librement choisi d'être ici en ce moment. Personne ne m'y a contraint. Toute liberté a un prix. Celui à payer pour moi, aujourd'hui, c'est d'affronter le ciel en serrant les dents et en faisant bien attention de ne pas glisser pour ne pas m'affaler dans la boue. Quelle allure aurais-je si je devais entrer dans Dole couvert de boue ? Je teste instinctivement le sol sous chaque pas et je m'accroche à mes bâtons. Chaque enjambée doit être assurée. Je demande à mes chaussures usées jusqu'à la corde de livrer un dernier baroud d'honneur, de mourir dans la dignité.

La forêt s'efface quand je passe le panneau indiquant mon entrée dans Dole. La pluie cesse à cet instant précis, comme par enchantement. Mais il me reste encore six kilomètres avant d'arriver à mon hébergement de l'autre côté de la ville. Après avoir franchi le Doubs sur la passerelle des Poètes, je traverse rapidement le centre-ville pour dire que je l'ai fait. Je n'ai pas trop envie de jouer le touriste dans l'état où je suis. Je ne visite donc pas la maison natale de Louis Pasteur. Pas cette fois. D'autant plus que la pluie reprend de plus belle.

Lorsque j'arrive chez mes hôtes, Jocelyne et Philippe, la délégation montmorillonnaise m'attend au chaud dans la voiture. Jean, Bernadette, Richard et Gérard sont venus à quatre pour escorter sous bonne garde ma paire de chaussures neuves.

Je suis lessivé, crevé, avec des crampes naissantes aux cuisses et j'ai hâte d'être à demain pour enfiler mes nouvelles chaussures.

Oui, je dois être un Babouin un peu fou sur les bords.

Jean essaie de me trouver un nouveau poncho dans un magasin de sport local. En vain, la météo et les épreuves nationales d'aquathlon et de triathlon en plein air ont eu raison du stock. Il n'y a plus rien dans les rayons.

Tant pis ! Je m'en passerai.

Cet après-midi, à Dole, dans les conditions climatiques ci-dessus décrites, mes jeunes compagnons de tablées de la veille concourraient. Marceau termine cinquième de son championnat de France d'aquathlon et Lisa monte sur le podium en décrochant le bronze dans son épreuve de triathlon. Bravo !

Dole (39) — Canal des Tanneurs — Collégiale Notre-Dame

Dimanche 7 juillet – de Dole à Losne
J33 • 27,6 km • D+ 68 m • D– 111 m • 6h52 • 30 106 pas

Tout se présente bien aujourd'hui. Le beau temps est revenu. Je suis comme un gamin le jour de Noël avec mes chaussures neuves. L'étape du jour sera facile : 23 km sur une piste bitumée presque plate qui, la plupart du temps va longer le canal du Rhône au Rhin, puis la Saône en fin de journée. Je discute longuement ce matin avec Jocelyne et Philippe. C'est pour moi l'occasion de parler du Jura et de Dole dont je n'ai pas vu grand-chose hier. Le temps ne s'y prêtait vraiment pas. Nous faisons aussi référence à nos souvenirs au pays berrichon, puisque Philippe est originaire de Châtillon-sur-Indre.

Je suis un peu fatigué de cette harassante odyssée en forêt de Chaux mais le moral n'est pas atteint. Au contraire, je me persuade que ça me laissera de beaux souvenirs et ça m'aidera à faire croire que ma traversée de la France était une épopée périlleuse d'une grande intensité. Et, moi, un véritable héros, bien sûr ! Je pars donc l'esprit serein, chaussé à neuf, vers 10h15.

Mais tout ne va pas se passer aussi bien que prévu.

L'Eurovéloroute 6 (EV6), également appelée « Atlantique – Mer Noire » est une véloroute européenne qui relie Saint-Brévin-les-Pins à Constanta en Roumanie sur une distance de 4450 kilomètres. Créée entre 2004 et 2010, elle traverse dix pays et suit le cours de trois grands fleuves européens : la Loire, Le Rhin et le Danube. Elle utilise aussi les anciens chemins de halage de plusieurs canaux comme le canal du Rhône au Rhin que je vais rejoindre ce matin en passant par Foucherans et Choisey. Au niveau de Tavaux et Damparis, l'Euroféloroute 6 est déviée car elle traversait initialement le site de *Solvay* et d'*Inovyn*, qui fabrique des produits chimiques fluorés et des polymères et dont le risque Seveso est évalué au niveau 3 — le plus haut. De ce fait, afin de contourner ce site interdit, je dois passer par Damparis puis rejoindre Abergement-la-Ronce en arpentant une autre piste cyclable qui longe une route.

Contraint de faire ce détour de deux kilomètres que je n'avais pas prévu, je me fais fort de réduire cet allongement en empruntant un chemin forestier qui va rompre la monotonie de cette piste cyclable. Autrement dit, je coupe au travers du bois de Gevry. Je prends un chemin de traverse qui, sur la carte, enfin sur le plan IGN de mon téléphone, est une évidence. Le chemin noir rejoint bien directement l'Eurovéloroute 6 en évitant Abergement-la-Ronce. Je me félicite tout au long du kilomètre de ce raccourci providentiel. Quelle idée brillante ! Enfin presque ! En réalité, tout au bout du chemin, juste avant la jonction victorieuse, un large et profond fossé, vraisemblablement un bief gonflé par les importantes pluies de la veille, m'empêche de poursuivre ma route.

Forcément vexé de m'être ainsi fait avoir, j'envisage toutes les hypothèses.
Traverser sur un tronc d'arbre tombé entre les deux berges ?
Avec mon sac à dos, sur ce tronc étroit et glissant, ce serait hasardeux.
Quitter mes chaussures et traverser le ruisseau ?
Mais je ne perçois pas le fond et le courant est fort. Et si je glisse, mon sac finira aussi à l'eau.

J'opte plutôt pour une exploration en aval, puis en amont du bief. Je parcours ainsi quelques dizaines de mètres dans un sous-bois en friche et humide, parmi les ronces et les terriers de blaireaux. Aucun pont, aucune passerelle n'est en vue et une relecture détaillée de la carte ne me donne aucun indice ni aucune solution pour franchir ce bief par ailleurs inexistant à cet endroit, sur le plan.

Je finis donc par abdiquer et, vaincu, je reviens sur mes pas tout penaud.

Voilà comment j'ai perdu bêtement 45 minutes en ajoutant quatre kilomètres à mon étape. Comble de la vexation, lorsque je repasse sur les lieux de mon échec, enfin du bon côté du bief, après avoir fait le grand tour, je découvre un petit pont de pierre que j'aurais trouvé si j'avais poussé un peu mon investigation sur ma droite. Pas grave, me dis-je, pour préserver ma fierté.

Finalement, l'étape de 23 kilomètres en fera presque 28. Ce qui, au demeurant, n'est pas un problème puisque je suis plutôt en forme, que je n'ai pas de contrainte horaire et que j'aime mieux être en marche qu'au repos.

Hormis ces anecdotes de parcours, aujourd'hui ma route se résumera à longer l'eau. Avec deux points marquants : le passage en Côte-d'Or et la rencontre avec la Saône, à pleines rives, avec ses eaux brunes chargées de terre.

Mes camarades montmorillonnais sont de nouveau avec moi pour partager la soirée au restaurant à Saint-Jean-de-Losne, en terrasse, sur les quais de la Saône.

Ils rentrent au pays demain en emportant plusieurs vêtements que je ne porterai plus jusqu'à mon arrivée le 3 août. On porte le poids de ses peurs dans son sac à dos, dit-on. Sans doute, avais-je peur d'avoir peur sur la première moitié de mon parcours dans les Vosges et le Jura ? J'aurais certainement moins peur en m'approchant du Poitou et mon sac à dos sera plus léger de quelques centaines de grammes.

Demain, je vais rejoindre Nuits-Saint-Georges et commencer un petit séjour de cinq étapes dans les vignobles de Bourgogne. Il fera encore beau. Deux jours de suite, c'est remarquable !

Damparis (39) — Canal du Rhône au Rhin — Eurovéloroute n° 6

Lundi 8 juillet – de Losne à Nuits-Saint-Georges
J34 • 32 km • D+ 181 m • D– 101 m • 7h33 • 34 478 pas

Une belle journée s'annonce. Il va faire chaud et j'en suis ravi. Ce sera aussi une grande étape pour mes jambes, mais je vais bien, très bien même. Et je crois que je pourrais largement atteindre les 40 kilomètres si cela était nécessaire. Je me suis légèrement allégé hier et mon sac est moins lourd d'un bon kilogramme. Ce sera aussi une étape de transition puisque, pour la première fois, je n'emprunterai aucun sentier balisé et aucune voie verte avec sa piste cyclable. Par chance, l'après-midi se passera dans la forêt domaniale de Cîteaux, sur un chemin forestier que j'espère ombragé.

Lorsque je trace mon chemin d'un point à un autre sur la carte, je veille bien évidemment à ne pas me rallonger à l'excès. Pour relier Losne à Nuits-Saint-Georges, il y a environ 30 kilomètres. Celui que j'ai dessiné dans mon fauteuil avoisine les 29 kilomètres et me semble aisé. Dans cet exercice de préparation de l'itinéraire, j'essaie d'éviter les routes, mais c'est généralement impossible. Je choisis, autant que faire se peut, les plus adaptées à la marche, c'est-à-dire les petites routes rurales où je suppose qu'il y a peu de circulation. Ou alors celles qui disposent d'un large accotement, si elles me semblent trop fréquentées par les automobilistes.

Les routes nationales en rouge : même pas en rêve ! Seulement le droit de les traverser, et encore. Les routes départementales en orange ou en jaune selon l'échelle des cartes IGN : en cas de nécessité seulement ; il vaut mieux faire un détour. Il reste les routes dessinées en blanc. Celles-là sont généralement plus sûres et plus agréables à pied. Mais leur fréquentation par les automobilistes est très variable en France selon leur situation, la proximité de villes importantes et les horaires.

Au départ de Saint-Jean-de-Losne où ce matin je suis encore sous le charme du rendu des travaux de rénovation de l'église Saint-Jean-Baptiste, je longe un moment la Saône. Mais au moment de bifurquer sur une route départementale pourtant dessinée en blanc sur le plan, je me ravise. Trop de voitures circulent trop vite sur cette départementale 20. Après avoir bien regardé le plan sur mon mobile, je change de stratégie. Je décide de poursuivre le long de la Saône, puis de prendre des chemins noirs. Je fais comme si ma mésaventure d'hier ne m'avait pas servi de leçon.

Cette fois, je ne regrette pas les kilomètres que je me suis ajoutés. La découverte, derrière une écluse, en pleine nature, d'un bras navigable de la Saône où mouillent quelques embarcations, principalement des péniches transformées en habitations, est une vraie belle surprise.
Je traverse ensuite des espaces cultivés dans la plate vallée avec parfois des maïs en rizière ou des champs de blé entre deux canaux. Plus loin, lorsque je rejoins la D20 que je suis contraint de suivre sur plusieurs kilomètres, la circulation s'est apaisée.
Je regrette, en traversant Charrey-sur-Saône, qu'il n'y ait pas un seul banc pour m'asseoir quelques minutes à l'approche de mon dixième kilomètre de marche. Je fais le même constat un kilomètre plus loin en traversant le village très fleuri de Bonnencontre. Je tente un détour du côté de l'église où je trouve un vieux banc incliné. Il s'agit plutôt d'une longue pierre plate inclinée posée sur deux autres pierres. Ce n'est guère confortable mais je vais m'y reposer quelques minutes au calme et à l'ombre de deux vieux platanes.

À Broin, après un détour par la fontaine Saint-André, récemment rénovée mais déjà envahie de végétation, la toiture du château attire mon œil avec un « 1785 » qui brille au soleil. La date est faite de tuiles vernissées qui ne reflètent la lumière que sous certains angles. 1785, c'est, paraît-il l'année où les Seguin de Broin, leurs propriétaires, ajoutent deux courtes ailes à cette demeure datant de 1747.

À la sortie du village, avant d'entrer dans la forêt de Citeaux, j'ose solliciter une dame âgée qui lit son journal à l'ombre devant sa maison. Je lui demande un peu d'eau du robinet pour remplacer celle déjà chaude de ma bouteille. Elle s'empresse de m'apporter une bouteille d'eau de source sortie de son réfrigérateur. J'apprécie le geste. Généralement, je n'aime pas quémander sur mon chemin. Même pour de l'eau. Je préfère gérer mes étapes en emportant ce qu'il me faut pour la journée. Autant que possible, je fais tout pour ne pas me retrouver en situation de dépendance. C'est certainement idiot d'emporter 2 kg d'eau sur son dos pendant des heures, alors qu'un seul pourrait suffire dans ces contrées relativement habitées où il est aisé d'en trouver en frappant à quelques portes. Mais la peur de manquer prédomine.

Je suis à la moitié de mon étape. La deuxième partie n'est pas palpitante. Il y a d'abord la route forestière dite du Pont Voisin, avec ses six kilomètres parfaitement rectilignes. La monotonie n'est brisée que par les ondulations du relief : de courtes montées et descentes qui se succèdent.
Puis je me retrouve sur la départementale D8, une route jaune sur la carte, sans autre solution de repli, pour cinq kilomètres très pénibles où camions et voitures roulent à vive allure. À oublier.

Et me voilà arrivé au nord de Nuits-Saint-Georges, à quelques mètres des vignes, après 32 km de marche. Il fait 26 °C et je termine cette longue promenade en bonne forme.
En soirée, sans mon sac à dos, j'ajoute trois kilomètres à mon compteur pour aller dîner et visiter, un peu, le centre-ville où je me rends rapidement compte d'une certaine aisance locale. La ville est pavoisée aux couleurs du Tour de France, puisque s'y disputait la septième étape trois jours auparavant.

Pour moi, c'est la 34e et j'en suis à 804 kilomètres ce soir.

Saint-Usage (21) — Canal du Rhône au Rhin — Écluse de Saint-Jean-de-Losne

Mardi 9 juillet – de Nuits-Saint-Georges à Marsannay-la-Côte
J35 • 22,7 km • D+ 375 m • D– 325 m • 6h44 • 24 904 pas

Si j'étais resté fixé sur mon objectif de rentrer chez moi, la raison m'aurait guidé vers le sud-ouest en direction de Beaune, d'Autun et du Morvan. Mais je préfère profiter de l'aubaine d'être ici en Bourgogne pour m'offrir une escapade de deux jours dans les vignobles. Certainement davantage pour ce qu'ils évoquent que pour la beauté et la variété des paysages. Je m'engage ainsi dans une boucle vers le nord, jusqu'aux portes de Dijon, à Marsannay-la-Côte précisément, uniquement pour traverser les climats — c'est ainsi que l'on nomme les parcelles de vignes en Bourgogne — les plus célèbres et voir quel effet ça fait.

Je vis donc cette étape sur le GR des Grands Crus de Bourgogne comme une expérience particulière. Finalement, déambuler entre les rangées de ceps ne restera pas dans les moments les plus forts de mon voyage. C'est un sentiment mitigé qui prédomine. Marcher sur les chemins qui séparent les vignes, dans cette ambiance peu agréable faite du bruit permanent de moteurs d'engins taillant, binant, pulvérisant à tout va, ne me procure pas de plaisir particulier.

Au point que je vais nettement préférer m'élever dans la forêt qui domine les climats. Là, j'y retrouve une touche plus méditerranéenne, avec ce soleil radieux et une température digne de la Provence, avec des cigales (eh oui !) certes moins nombreuses que dans les vignes des côtes du Rhône, des chemins secs bordés de genévriers, de viornes en fruits, d'épine-vinette et de cornouillers, où les pierres calcaires sonnent sous les semelles.

Que voulez-vous ? Le vent qui fait chanter les arbres, comme le décrit Giono, en sifflant dans les branches des pins noirs et des chênes rabougris, me sied mieux que les ventilateurs qui pulvérisent des nuages bleu vif de sulfate de cuivre.

Bien sûr, on ne peut pas rester indifférent en longeant le domaine Romanée Conti, là où quelques touristes sapés comme des princes viennent se faire prendre en photo. Bien sûr, derrière le petit bouton de rose que je photographie habituellement pour lui-même, les feuilles vertes de la vigne volent la vedette. Il faut dire qu'on est ici assez proche de la magie et de la pierre philosophale. L'eau du raisin se transforme en or. Au restaurant La Cabotte, qui se veut accessible, à Nuits-Saint-Georges, la bouteille de 75 centilitres de Romanée Conti 2009 est proposée au prix net de 9 999 euros. Oui, c'est un montant à quatre « 9 » sans virgule ! Bien sûr, des grappes vertes que je perçois à peine sous les feuilles aujourd'hui au nectar que je ne boirai jamais, il y a tant de savoir-faire, tant de maîtrise, tant de science. Mais diable, ce n'est que du vin !

Et ce cheval de trait qui retourne la terre et arrache les mauvaises herbes entre les rangs de Romanée Conti, et dont le charretier qui le mène râle de nous voir prendre des photos, ce qui, bien évidemment, perturbe le bourrin, n'est-il là que pour le spectacle ou pour prouver que c'est écologique ? Que veut-on faire croire aux touristes endimanchés et aux ignares curieux comme moi ? Que tout ceci est vertueux ?

À deux pas d'ici, les ouvriers sur les pulvérisateurs, habillés de combinaisons et de masques respiratoires tels les liquidateurs de Tchernobyl en 1986, me font m'interroger sur le principe de précaution qui a poussé l'administration à détourner l'Eurovéloroute 6 au sud de Damparis pour le risque Seveso 3 dont j'ai parlé plus tôt. C'est peut-être bien aussi dangereux pour notre santé de librement flâner parmi ces rangs de vigne où les feuilles sont bleues.

Je croise un jeune dans son maillot du PSG et sous sa casquette qui le protège du soleil. Il me dit qu'il fait le relevage sans autre explication. J'en déduis qu'il relève des sarments à préserver avant que ne passe ce que je nomme sans savoir, et sans doute de façon erronée, une élagueuse. À vrai dire, il ne savait pas trop m'expliquer ce qu'il faisait. Petit boulot de saisonnier.

Dans l'effervescence de ce jour de beau temps isolé et tellement rare, je me demande même si les randonneurs — fort peu nombreux au demeurant — sont vraiment bienvenus.

À chaque grande traversée que j'ai entreprise en France, je me suis efforcé de tracer ma route en m'éloignant de l'activité humaine motorisée, bruyante et polluante. Je ne suis pas très original en disant que je préfère marcher sur des sentiers perdus au cœur d'espaces sauvages et préservés, même s'il n'en existe plus beaucoup en France. Je vais plus volontiers traverser une forêt qu'une ville. J'aime mieux suivre un cours d'eau montagnard qu'une route nationale bruyante et dangereuse. Et sans fuir les humains, je me trouve plus à l'aise en traversant des terres agricoles pratiquant un élevage extensif, comme c'est le cas en Franche-Comté, que dans cet environnement de vignoble où chaque mètre carré compte. Finalement, je me sens ici comme le visiteur d'une usine où je ne peux pas être client. Et j'ai le sentiment d'être comme un chien dans un jeu de quilles.

Aussi, je préfère m'intéresser au patrimoine. Admirer les clochers colorés des églises et pousser leur porte pour aller y puiser un peu de calme et de fraîcheur, découvrir, au détour d'une rue, un bâtiment d'exception dans ces villages où les programmes de rénovation et d'entretien ne semblent pas rencontrer de problèmes majeurs de financement. Et chercher des bancs, trop peu nombreux à mon goût, pour m'asseoir de temps en temps.

Pour revenir à ma randonnée, je souffre un peu des efforts fournis hier, mais aussi de cette forte chaleur. Je vais devoir renouer avec la congélation de mes bouteilles pour conserver de l'eau fraîche jusqu'en début d'après-midi. Il pleut ce soir sur la Bourgogne. Il fera moins chaud demain. J'ai une étape dantesque au programme avec trente kilomètres et près de 900 mètres de dénivelé.

Chambolle-Musigny (21) – Château du Clos de Vougeot (XVIe)

Mercredi 10 juillet – de Marsannay-la-Côte à Villers-la-Faye
J36 • 31 km • D+ 893 m • D– 812 m • 8h38 • 32 473 pas

Après cette excursion jusqu'aux portes de Dijon, je vais faire demi-tour sans emprunter le même chemin et vais me payer une sacrée randonnée montagnarde, tant en longueur qu'en dénivelé et en difficulté. Je crois bien n'avoir jamais eu à franchir de tels obstacles dans toutes les randonnées que j'ai faites jusqu'à ce jour. Moi qui pensais, au départ de cette longue étape, qu'il ne m'arriverait aucune histoire digne d'être relatée, je vais vite me rendre compte du contraire.

Il a plu cette nuit à Marsannay-la-Côte. Ce matin, les dernières averses ont fait chuter la température et c'est parfait. Une grosse journée m'attend. Je pars plus tôt. Enfin, j'essaie. Je quitte rapidement les vignes, à l'ouest de Marsannay, pour gagner les pelouses calcaires de Couchey. La pluie de la nuit et la fraîcheur toute relative sont venues calmer les ardeurs des cigales.

Je dois rejoindre, au nord de Chambœuf, le GR 7 qui court du Ballon d'Alsace à Andorre-la-Vieille dans les Pyrénées, en passant par Dijon et Lodève.

Je ne sais pas encore, faute de m'être assez documenté avant de partir, que je vais m'engager sur le sentier créé en 1958 par Félix Bâtier, alors président du club alpin de Dijon. C'est un sentier de 50 km entre Dijon et Nuits-Saint-Georges, au rythme soutenu. Il coupe ou emprunte seize combes avec parfois de courts passages d'escalade, des montées et des descentes très raides.

Je l'attaque justement par une descente infernale et glissante. Je ne sais pas où poser mes pieds et me cramponne à tout ce qui peut me freiner. Mes bâtons ne me sont d'aucune utilité. Sur une portion particulièrement pentue, je dois mon salut au tronc d'un petit chêne que j'étreins en y laissant la peau de mon bras gauche. Je descends bien moins vite que je ne monte. J'apprendrai plus tard qu'il est parfois judicieux de descendre sur les fesses. C'est même obligatoire sur certains ultratrails.

Plus loin, c'est de l'escalade que je dois faire. Je suis obligé de quitter mon sac afin de le hisser à bout de bras sur des rochers où je vais tenter de le rejoindre. Je cherche des prises pour mes pieds sur des roches humides et glissantes. Je m'agrippe à la paroi verticale et tire sur mes bras pour grimper maladroitement. Et je rejoins mon sac à quatre pattes. Non, jamais je n'avais rencontré auparavant de telles difficultés ni connu de telles sueurs froides. Fort heureusement, ces passages périlleux sont en nombre limité.

Au rythme où j'ai parcouru les premiers kilomètres, je m'attends à une arrivée très tardive. Mais la suite sera plus aisée. Après une courte pause à Chamboeuf, je descends en suivant le GR 7 dans la forêt domaniale du même nom. Je mène bon train pour récupérer un peu du retard accumulé sur le premier tiers de l'étape.

Et c'est ainsi, dans une zone boueuse, que mon pied droit, posé de manière peu maîtrisée sur un dévers glissant, va se dérober et venir entraîner le pied gauche. Je m'offre dans la boue un gadin magistral qui aurait aisément trouvé sa place dans un bêtisier. Je me relève sans dommage et remercie ma montre de s'être à nouveau préoccupée de mon état de santé en me proposant d'alerter les secours. Tout va bien. J'ai juste besoin de me nettoyer les jambes dans une flaque d'eau sur le chemin. Finalement, je suis même étonné que cela ne me soit pas arrivé plus tôt. Je lirai, plus tard, sur la carte IGN, que c'est dans le bois des Poisses que j'ai chuté. Amusant, non ?

À Reulle-Vergy, on a laissé en l'état les décorations mises en place pour le Tour de France. Il serait dommage de ne pas en profiter pendant quelques jours. Je note que les vignerons ne manquent pas d'imagination pour placer leurs vélos revisités aux couleurs de l'événement sur des tonneaux ou des bouteilles géantes.

L'orage monte. Je vais une nouvelle fois avoir le privilège d'être rafraîchi par deux belles averses avant d'arriver à Villers-la-Faye vers 18h30 après 31 kilomètres en 8h38 de marche, d'escalade et de glissades !

Je totalise ce soir 20 245 mètres de dénivelé depuis mon départ. La barre des 20 000 est franchie. Ça s'arrose !

Et c'est ce que je vais faire ce soir de manière peut-être un peu exagérée. J'ai réservé une chambre et une table d'hôtes au *Verger des Hautes-Côtes de Nuits* chez Nicole et Joël. Joël se définit comme un guide de pays. C'est aussi un bon vivant qui possède une cave bien remplie dans laquelle il n'est pas nécessaire d'organiser des descentes, car c'est lui qui se charge de remonter les bouteilles. Et il n'est pas avare d'allers-retours.

Il reçoit ce soir à sa table, Pierre, son épouse et ses deux garçons, viticulteurs possédant quinze hectares de vignes, un ami belge venu en side-car avec ses deux enfants et un couple de Saint-Omer sur la route des Alpes. Nous sommes douze à cette tablée généreuse.

On sait bien vivre en Bourgogne ! Trop bien peut-être pour moi. Et lorsque je rejoins ma chambre après cette journée riche d'expériences extrêmes, d'émotions variées et de dégustations excessives, je ne suis plus assez lucide pour écrire mon journal de bord. Ce fameux journal de bord qui ponctue ma journée, quand il ne commence pas la suivante, et auquel Sylvain Tesson accorde quelques pages dans « *Petit traité sur l'immensité du monde* »

> « *Tous ces bonheurs que le wanderer rafle dans sa course, il les concentre, le soir, sur la page de son cahier. C'est la promesse de ce rendez-vous vespéral avec une page vierge qui l'incite, le jour durant, à mieux faire provision de ce qui l'entoure. Pour le marcheur au long cours, l'écriture est le plus intense moment d'apaisement. Le point d'orgue posé sur la portée du jour. Les muscles se reposent sur le cahier. L'esprit se réfugie dans l'agréable fouille de la mémoire. En écrivant, le soir, le voyageur continue sa route sur une autre surface, il prolonge son avancée sur le plan de la page.* »

Trop tard, trop las, trop ivre de tout ! Morphée me tend déjà ses bras.

Chamboeuf (21) – Sur le GR 7

Jeudi 11 juillet – de Villers-la-Faye à Beaune
J37 • 19,5 km • D+ 282 m • D– 398 m • 5h20 • 21 268 pas

Lucie m'a demandé, si possible, d'arriver avant 16h30. Je ne connais pas encore Lucie, mais je n'ai aucune raison de la décevoir. Lucie est la personne qui m'accueille chez elle ce soir. Sa demande est à propos. Elle est compatible avec la courte étape au programme aujourd'hui et elle me laissera du temps pour visiter Beaune en fin de journée.

À la difficile et mouvementée journée de la veille sur le terrain, je vais devoir ajouter une nuit moyennement reposante. Le problème avec les tables d'hôtes, c'est qu'elles sont souvent trop copieuses. Certes, il fallait bien que je compense les 4213 kilocalories brûlées sur les sentiers, selon ma montre. Et toute bonne maîtresse de maison a inévitablement à cœur de préparer les meilleures spécialités régionales auxquelles il convient de faire honneur afin de ne pas passer pour un goujat ou un touriste coincé. Mais, lorsque le patron s'y met avec entrain et entreprend de vous faire une démonstration concrète de l'étonnant potentiel de sa cave, il faut savoir assumer, le lendemain, les conséquences de ces festivités rabelaisiennes. Il convient d'ajouter que le vin blanc n'est pas la boisson qui sied le mieux à la récupération musculaire.

Bingo ! Ce matin, je n'ai rien dans les jambes et j'ai même un gros coup de fatigue, bien que je m'en défende auprès de mes hôtes. Je ne vais quand même pas laisser paraître que je ne tiens pas la cadence à table.

Heureusement, c'est une étape courte.

Je quitte Villers-la-Faye en passant par le lavoir transformé en espace de convivialité avec une grande table, puis au pied du château duquel il ne reste qu'une tour. Ça s'active dans les vignes dans lesquelles je suis revenu par les Hautes-Côtes de Nuits après mon escapade d'hier dans des zones agricoles, mais peu viticoles.

Je sais, depuis mon immersion initiatique d'hier, que les activités majeures du moment s'appellent *échetonner*, qui consiste à supprimer les pousses indésirables, *rogner avec une enjambeuse* et faire le *relevage*. Je fais des progrès dans le domaine viticole, tout au moins dans le langage.

Dans les vignes, on continue à pulvériser du sulfate de cuivre et du soufre pour lutter contre le mildiou qui trouve dans les conditions météorologiques pourries un terrain favorable à son développement. La récolte sera moins bonne que l'année dernière, tous en conviennent.

De climat en climat, j'arrive jusqu'à Savigny-lès-Beaune où j'ai prévu de faire une pause. Après une courte visite de l'église Saint-Cassien avec ses deux magnifiques lutrins du XVe et du XVIIe représentant deux aigles, emblème de saint Jean, je vais visiter, en posant mon sac à dos, le château et ses étonnantes collections qui auraient mérité que j'y passe plus de temps.

En 1979, le château de Savigny-Lès-Beaune est acheté par Michel Pont, un vigneron passionné, qui y entreprend d'importants travaux de rénovation en vue d'y installer des collections autour de la mécanique et d'ouvrir les lieux au public. Plusieurs musées vont être créés au fil du temps. Celui qui regroupe une centaine d'avions de chasse du monde entier est à ciel ouvert. À l'abri, dans les dépendances ou sous des tentes, les collections de 36 voitures de course de la marque italienne Abarth, de 150 motos, de véhicules pompiers, de tracteurs vignerons des années 1950 et autres outils et matériels vinaires et viticoles en nombre, côtoient des milliers de maquettes d'avions, de voitures et de motos. Michel Pont est décédé en 2021 mais son fils a repris le flambeau.

J'arrive à Beaune vers quinze heures. Lucie m'attend. Elle me propose spontanément d'utiliser sa machine pour laver mon linge. J'en profite pour faire disparaître les stigmates terreux de ma chute sur le GR 7.

Lucie est professeur de mathématiques dans un collège de Beaune et c'est une mordue de course à pied. Les trails de cent kilomètres dans les Alpes ne lui font pas peur. Alors forcément, avec ses addictions au grand air, au mouvement et aux efforts, ma randonnée de soixante jours la fait rêver. Pourtant, à mes yeux ce que je vis est beaucoup moins exigeant, moins intense et moins éprouvant que ce qu'elle fait. Car c'est une sacrée compétitrice qui me raconte ses aventures en haute montagne.

Pour l'heure, elle a prévu une sortie avec un ami habitué de la diagonale des fous à la Réunion. C'est pour cette raison qu'elle souhaitait que j'arrive assez tôt. Ils vont se faire une quinzaine de bornes sur le sentier Bâtier.

Elle me laisse sa maison. Je prends une douche, j'étends mon linge puis je pars visiter la Basilique Notre-Dame et, bien évidemment, les Hospices de Beaune. Je reconnais qu'il est difficile de ne pas être saisi par la magnificence du site en pénétrant dans la cour intérieure de l'Hôtel Dieu.

Pouvoir me muer en touriste décontracté après m'être débarrassé de mon sac à dos, de mes chaussures, de ma crasse et de mes odeurs de fauve est un luxe que je ne me refuse plus lorsque j'en ai l'occasion. Juste le temps, là encore, d'une visite bien trop courte.
Il est terrible ce rapport au temps qui, même lorsque l'on a choisi le moyen le plus lent pour se mouvoir, la marche, afin de mieux tirer profit, en toute liberté, de chaque seconde de vie, nous oblige à écourter nos flâneries dès lors que l'on entre en interaction avec ceux qui ont l'obligation d'avoir une activité normale dans une journée normale de gens normaux. Ce qui est le cas, tous les jours ou presque, puisque je ne peux pas vivre en totale autonomie.

Il est tard. Les Hospices se sont vidés de leurs visiteurs. Je fais la fermeture en profitant de cette tranquille solitude que j'affectionne tant parfois. Puis je me trouve un petit restaurant italien sympa à deux pas d'ici.

Beaune (21) – Hôtel-Dieu des Hospices (XVe)

Vendredi 12 juillet – de Beaune à Chagny
J38 • 26 km • D+ 208 m • D– 210 m • 6h44 • 28 505 pas

La maison de Lucie est étouffante et, bien que je sois couché de bonne heure, je peine à trouver le sommeil. Peu après minuit, une pluie orageuse me réveille et m'oblige à fermer la fenêtre. Plus tard dans la nuit, c'est le tonnerre et le ciel zébré d'éclairs qui va à nouveau troubler mon sommeil. Finalement, je me réveille à six heures et me lève rapidement pour profiter de la fraîcheur. Drôle de nuit.

En prenant le petit-déjeuner, dans les courants d'air bienfaisants, Lucie me raconte ses aventures sportives. Elle court régulièrement à la vitesse de 15 km/h sur de longues distances, mais elle considère qu'elle peut s'arrêter sans être en état de manque. Elle me parle des conditions extrêmes de certains trails où il est obligatoire de descendre certaines portions sur les fesses tellement les pentes sont abruptes et dangereuses. Elle me raconte les inévitables galères qu'elle a connues. Elle m'explique comment le mental arrive à prendre le dessus sur la douleur, comment l'entraînement et la détermination font la différence lorsque le corps meurtri et la fatigue dictent d'arrêter et comment, en réponse, le mot « abandon » est rayé des options possibles.

Je sais tout ça. Je ne veux pas être qualifié de sportif, loin de là, mais je me rappelle les efforts parfois nécessaires quand tout ne tourne pas rond et qu'il faut les répéter le lendemain et les jours d'après. Je lui dis que la répétition même soixante fois de suite n'est pas une épreuve et que chaque nouvelle journée est un nouveau départ. Que le corps s'habitue jour après jour et qu'il sait faire preuve d'une résilience incroyable lorsqu'il le faut. Cette conversation matinale va bien durer deux bonnes heures. Nous parlons aussi de nos vies et de Beaune, une des villes de Bourgogne les plus fréquentées par les touristes étrangers. Le vin français fait rêver, surtout quand il est très cher.

Pour aller à Chagny, qui n'est qu'à une quinzaine de kilomètres de Beaune par la route la plus directe, j'emprunte, à travers les vignes, une autre petite route très appréciée par les cyclotouristes. Je passe par des noms qui sonnent bien aux oreilles des amateurs de grands vins de Bourgogne : Pommard, Volnay, Meursault, Puligny-Montrachet, Chassagne-Montrachet, et je termine par Rémigny, puis Chagny.

Sur ce chemin touristique s'il en est, je croise ou je suis dépassé par des dizaines de vélos. En ce milieu de matinée, les touristes, pour beaucoup étrangers, qui me dépassent, sentent bon la douche juste prise. Odeur de vanille ou de pêche, peut-être. Et souvent des parfums plus subtils qui me sont inconnus. Mais ça sent le propre.
Moi, je pue déjà la sueur rance. Ma casquette a beau prendre souvent une douche avec moi, elle sent mauvais. Comme les bretelles de mon sac à dos. J'ai un peu de mal à m'y habituer. Et encore, j'ai le privilège de prendre une douche tous les jours. Il en est qui bivouaquent tous les soirs et qui doivent se contenter d'un camping de temps en temps pour se laver, quand ils ne sont pas réduits à se faire une ablution rapide à l'eau fraîche d'un torrent ou d'un lac de montagne.
À tous ces vélos qui passent, ou plutôt à ceux qui sont dessus, invariablement, je dis bonjour. Parfois, on me souhaite un « *Buen camino* ». Je dois ressembler à un pèlerin sur le chemin de Saint-Jacques.

À Meursault, rue de Rüdesheim, je me repose quelques minutes sur un banc. Je fais face à une plaque qui commémore les cinquante ans du jumelage avec la ville allemande du même nom. Cette courte pause me fait penser à mes amis de Wadern et aux membres du comité de jumelage de Montmorillon qui m'ont si bien aidé à préparer ce projet. Ils lui ont surtout donné une dimension humaine et amicale qui va bien au-delà de l'aventure centrée sur la marche.

Ils ont offert à mon histoire un prologue et je ne doute pas, à cet instant, qu'ils en écriront également l'épilogue dans trois semaines à Montmorillon.

Et puisque je suis à Meursault, je passe inévitablement devant l'hôtel de ville où ce vendredi midi l'on célèbre un mariage. Ce bâtiment remarquable a été vu par des millions de Français, qui n'ont peut-être jamais mis les pieds en Côte-d'Or. Et ils sont nombreux à l'avoir vu à maintes reprises, au moins autant de fois que les Hospices de Beaune, puisque c'est ici qu'a été tournée la scène de l'incendie de la kommandantur dans le film « *La Grande Vadrouille* », sorti en 1966. Il paraît qu'une porte de la mairie a réellement brûlé ce jour-là. La scène de l'interrogatoire, qui se situe normalement à l'intérieur de la kommandantur, a été tournée plus tard dans les studios de Boulogne. Quant à l'arrivée, à la tombée de la nuit, de de Funès et Bourvil à Meursault, elle a été filmée en réalité à Vézelay.

Lorsque j'arrive à Rémigny, je rejoins le canal du Centre, créé entre 1783 et 1793, aussi connu sous le nom de canal du Charolais. Il relie les vallées de la Loire à Digoin et de la Saône à Chalon-sur-Saône sur 114 kilomètres. Je vais le suivre jusqu'à Chagny, où je suis accueilli avec beaucoup de bienveillance par Domi et Gérard qui m'hébergent ce soir dans leur logement.

Cette nuit, il faut absolument que je récupère un peu du déficit de sommeil que j'ai accumulé. Je sens bien que je suis à la ramasse et j'en connais la cause.

Meursault (21) – Hôtel de Ville (XIVe)

Samedi 13 juillet – de Chagny à Couches
J39 • 26,8 km • D+ 846 m • D– 731 m • 6h59 • 27 943 pas

Je n'avais pas choisi la facilité en traçant cette 39e étape de mon parcours. Il aurait été tellement plus simple de suivre la voie verte qui longe le canal du Centre, puis de bifurquer à Denevy pour arriver à Couches. Ce chemin aurait été tout plat sur la plus grande partie avant une ascension finale d'une centaine de mètres. Au lieu de cela, j'avais préféré opter pour la voie des montagnes en passant du GR 76 à un GRP, puis en suivant un peu le GR 7, avant de sauter sur un autre GR de pays après avoir emprunté quelques petites routes pour la transition. Bref, c'était mon chemin à moi avec un profil de montagne affichant un dénivelé supérieur à 800 mètres sur 26 kilomètres, avec très peu de plat, mais ne présentant pas de difficulté technique. Il fallait juste monter et descendre sans arrêt. Et comme je viens de passer une bonne nuit réparatrice chez Domi et Gérard et que ce matin il fait un temps idéal pour marcher je sens que je vais m'éclater. Je ne sais pas expliquer la raison pour laquelle j'apprécie à ce point le relief. Je n'ai pas le profil d'un grimpeur et mon sac de seize kilogrammes ajoute des contraintes. Je suis très vite en sueur, le souffle court avec le palpitant qui monte dans les tours. J'ai les muscles des cuisses et des mollets qui crient à l'aide, mais j'aime monter, même si je dois le faire à une vitesse d'escargot en m'arrêtant tous les cent mètres.

Est-ce le goût de l'effort ou la quête de la récompense offerte par le sommet ?

Est-ce le challenge de compter les mètres montés et de calculer les mètres restants en maugréant parfois après mon choix ?

Est-ce la recherche d'une certaine performance bien inutile et tellement futile ou juste le plaisir de réussir un défi ?

Est-ce la recherche de la solitude sur les sentiers isolés qui n'appartiennent qu'à moi le temps d'un instant et que j'oppose à ces pistes cyclables qui appartiennent aux vélos et où je ne me sens pas libre et serein ?

Et puis ces collines et leurs pelouses calcicoles, chaudes et sèches, où se développe une végétation de petite taille accompagnée de grandes « herbes », de graminées, et où vivent de nombreuses espèces de fleurs et d'insectes, participent à la magie des lieux, à l'émerveillement permanent. Marcher parmi ces petits papillons bleus qui virevoltent autour de soi est un privilège rare. Il faut aller le chercher et le mériter.

Je traverse le site de Chassey-le-Camp, sur le plateau le plus élevé de mon étape, à 434 mètres. Sans les panneaux d'information, je n'aurais rien perçu des vestiges des remparts et des redoutes dont il ne reste que des buttes de terre. J'y découvre que le *« Chasséen, culture du Néolithique née dans le midi de la France, tire son nom du camp de Chassey. Vers 4500 av. J.-C., peut-être en raison de poussées démographiques, les Chasséens ont essaimé vers le nord par les vallées du Rhône, de la Loire et de L'Allier. Dans le bassin de la Saône, ils se sont installés aussi bien dans la vallée que sur les collines qui la bordent. »* Ce sont des agriculteurs et des éleveurs qui ont façonné les collines en les défrichant et en les cultivant.

Les vignes commencent à se faire plus rares sur mon chemin. Mais de l'autre côté du canal, sur le flanc de la colline qui s'offre en panorama grandiose, Santenay trône au milieu de son vignoble. Les Hautes-Côtes de Beaune insistent. Bientôt, je vais entrer dans le vignoble de la côte chalonnaise, car depuis hier je suis en Saône-et-Loire.

Et me voilà arrivé à Couches, commune située sur l'axe routier Autun – Chalon-sur-Saône. Et c'est justement là, sur la rue principale, en ce samedi 13 juillet animé, que je dois dormir dans une chambre dont l'isolation phonique laisse à désirer. Je pressens déjà que ça va être pénible, avant même que ça le soit.

Dimanche 14 juillet – de Couches à Antully
J40 • 22,3 km • D+ 394 m • D– 181 m • 5h38 • 22 709 pas

Je le savais que je dormirais mal à Couches. C'est un comble ! Hier soir, j'avais déjà crié avant d'avoir mal. C'était mal engagé. Comment cela pouvait-il se passer autrement puisque je m'étais conditionné à passer une mauvaise nuit, craignant à l'avance le « vacarme » des voitures et des motos. Ce matin, tout compte fait je ne suis pas sûr que ces bruits redoutés soient la cause de mon mauvais sommeil. Mais voilà, dans mon mode de fonctionnement de marcheur au métabolisme primaire, où seuls les besoins essentiels sont prioritaires — tous les autres étant superflus — manger, boire, satisfaire quelques incontournables besoins naturels et bien évidemment dormir constituent la base sur laquelle s'appuie mon bien-être physique quotidien.

Je quitte donc Couches sans regret, non sans avoir néanmoins apprécié les atouts de cette petite ville de 1300 âmes. Je prends le temps de m'arrêter devant la tour Guérin, forteresse militaire construite à la fin du douzième siècle afin d'abriter les soldats du roi de France chargés de défendre le monastère. Le parc comprend une allée remarquable de 23 ifs âgés de près de 500 ans, mais je ne les verrai pas car c'est une propriété privée. Je visite aussi l'église Saint-Martin construite au XVe siècle.

Il fait frais — 12 °C —, mais le soleil et la montée qui m'attend à la sortie du village auront vite fait de me réchauffer. Je vais emprunter le GR 137 et le suivre sur deux étapes jusqu'à Autun.

Les cinq menhirs d'Epoigny datant du néolithique que je croise au terme de la première montée sont une curiosité locale sur ma route qui ne m'en offrira pas beaucoup d'autres aujourd'hui. Le plus grand mesure 7,30 m. Lors de son redressement, il a été enterré sur 1,60 m, à proximité immédiate de l'endroit où il gisait, renversé.

Je n'avance à rien. J'ai la tête à l'envers et ce chemin ne me plaît pas particulièrement aujourd'hui. Je dois traverser une zone forestière où les sentiers ne sont pas entretenus. Les barrières sont condamnées, très certainement sciemment par un agriculteur revêche qui déteste les randonneurs. Oui. Je suis de mauvaise humeur et j'ai des pensées négatives. Ça peut m'arriver ! Mais je sais que j'ai raison sur ce coup-là !

Même les charolaises — les vaches blanches — ne me paraissent pas fines du tout. Là aussi, j'ai raison ! Elles ne me semblent pas plus accommodantes que les limousines. Ah, je préférais les braves montbéliardes, beaucoup plus avenantes, qui paissaient l'air serein dans les pâtures jurassiennes en m'ignorant. Les charolaises me dévisagent d'un mauvais œil. Je les soupçonne d'être blasées des trains. Il faut dire que je viens de traverser et que je vais côtoyer un bon moment la ligne du TGV sud-est et qu'en ce dimanche de fête nationale, les trains s'y succèdent à un rythme effréné.

Je traverse maintenant des contrées où l'élevage et la culture de céréales prédominent. Depuis Couches, je n'ai plus rencontré la moindre vigne. Ici, le GR 137 emprunte des routes certes peu fréquentées, mais d'un intérêt limité.

À l'approche de Saint-Sernin-du-Bois, qui va marquer une transition dans le paysage, je croise Marie-Claire, une Parisienne de 72 ans, partie de Vézelay, en route pour Assise en Italie. Elle est tout enjouée de me rencontrer et de partager, avec un enthousiasme non contenu, la seule similitude de nos pèlerinages respectifs qui mérite d'être relevée : une distance totale de 1500 kilomètres environ. Il est vrai que Montmorillon, grâce à moi, est désormais une destination de pèlerinage qui pourrait devenir un grand standard, puisque c'est la troisième fois que je le fais. D'accord, je suis le seul. Mais c'est un début.

À Saint-Sernin-du-Bois, au pied du château, ou plutôt de l'ancien prieuré où est installée la mairie, je remarque une jeep américaine qui m'avait dépassé le matin à mon départ à Couches. Son propriétaire est attablé à la terrasse du restaurant. J'échange quelques mots avec lui et il me confirme qu'elle est bien d'époque.

Après l'étang, je gagne la forêt domaniale de Saint-Sernin. Depuis longtemps, des nuages ont recouvert le ciel. Il fait une température agréable pour marcher. Heureusement, car j'ai de la peine à avancer. J'ai mal au ventre. Je mets ça sur le compte de mon mauvais sommeil. Il me reste quelques kilomètres à parcourir au cœur de cette belle forêt avant d'arriver à la ferme de la Noue, près de l'étang du même nom. Une ferme perdue au milieu des bois et des étangs où Guylaine et Antony font l'élevage et la vente d'escargots et, accessoirement, chambres et tables d'hôtes.

Lorsque j'arrive, à 17 heures, je n'ai qu'une envie : m'allonger et m'assoupir un peu, après une bonne douche chaude ! Et puis, je préférerais manger léger ce soir. Pas d'escargots, non merci.

Je ne vais pas en manger, mais je fais des découvertes au cours du dîner et je termine par une visite de l'élevage commentée par Antony. Pour la première fois de mon existence, je vais entendre des escargots manger. Quand ils sont 11 500 dans un enclos, on perçoit distinctement leurs discrets grignotages. Antony m'explique l'efficacité des clôtures électriques pour les escargots qui s'arrêtent au premier choc électrique alors que les limaces avancent quoiqu'il leur en coûte et généralement de façon fatale, leur mucus étant plus conducteur que la coquille des escargots. Ainsi, elles restent collées au treillis électrique et font, en séchant, un excellent isolant que les escargots les plus téméraires utiliseront pour s'évader de l'enclos.

Demain, ce sera jour de transhumance. Je doute que les deux border-collies aident vraiment leurs maîtres. Il conviendra juste de changer les escargots de « parcelle ». Ils vont quitter le tunnel et passer à l'air libre, puisqu'il paraît que demain ce sera l'été. Ce soir, j'ai un peu de peine à le croire. Il ne fait vraiment pas chaud à 530 mètres d'altitude. Mais la fraîcheur est semble-t-il moins préjudiciable que le vent. Personnellement, j'ai apprécié le feu de cheminée au dîner et je vais être enchanté de dormir sous une couette.

Couches (71) – La Tour Guérin (XVe)

Lundi 15 juillet – d'Antully à Autun
J41 • 19,4 km • D+ 387 m • D– 508 m • 5h15 • 20 614 pas

En l'absence de ressources souterraines et pour répondre aux besoins croissants en eau des habitants et des industries du Creusot, un ensemble d'étangs, appelés aussi réservoirs, a été construit dès le début du XIXe siècle. J'étais passé hier sur les rives de l'étang de Brandon, puis celui de Saint-Sernin-du-Bois avant d'arriver ce matin à celui de La Noue. L'étang du Haut-Rançon dont je m'approche est plus petit. Il a été créé en 1931. Ce sera ensuite celui des Cloux, en approchant d'Autun. Je traverse le nord de la Saône-et-Loire, sur un territoire très vallonné et couvert de forêts. Dans le périmètre proche de ces réservoirs d'eau potable, l'espace est préservé et protégé. Les cultures y sont interdites.

L'étape d'aujourd'hui est relativement courte. Elle est presque entièrement en sous-bois. Le soleil brille et il devrait faire chaud cet après-midi à Autun. Je vais sans doute apprécier l'ombre des arbres. L'objectif du jour est d'arriver avant les orages annoncés vers seize heures.

Je ne suis pas au top de ma forme. Bien au contraire. Depuis hier, je suis fatigué. J'ai l'impression de me traîner. En fait, j'avance toujours au même rythme ou presque, mais j'ai de la peine à relever la tête et à soulever mes chaussures. Et je gamberge forcément en me demandant ce qui m'arrive. Comme la seule gêne perceptible est au niveau du ventre, j'incrimine tour à tour et sans savoir : les crevettes consommées au restaurant à Couches, la tablette de chocolat noir achetée à Chagny et que j'ai avalée trop vite, une suspicion de maladie de Lyme, car j'ai déjà trouvé trois tiques sur moi lors de mes inspections du soir, une réaction de mon deuxième cerveau qui manifeste sa désapprobation auprès du cerveau principal en criant halte aux cadences infernales, une perte de poids trop importante (pourtant, je ne fais toujours pas pitié), ou alors la barre psychologique des mille kilomètres…

Bref, au lieu de continuer à m'émerveiller devant les bousiers qui nettoient le sentier, le chant des oiseaux, les bourdonnements des abeilles et l'odeur des fougères et des pins, je rumine sottement des idées plus ou moins noires et je m'apitoie sur mon sort. Il n'empêche que je n'ai rien dans les jambes et c'est quand même inquiétant parce qu'il me reste encore au moins 450 kilomètres à abattre jusqu'à Montmorillon.

Quelques centaines de mètres après la cascade de Brisecou — précisément au kilomètre 17,65 —, je franchis le cap des 1000 km ainsi que celui des 22 330 mètres de dénivelé positif. Je pousse le sens du ridicule, animé par une irrésistible envie d'élever mon autosatisfaction jusqu'à me déifier, en demandant à un promeneur de me prendre en photo, un peu comme le père de Marcel Pagnol avec ses deux bartavelles dans « *La gloire de mon père* ». Mille kilomètres sur mes deux jambes, excusez-moi, mais ça vaut bien un double coup du roi.

Quelques centaines de mètres plus loin, ayant retrouvé mes esprits, je m'écarte de mon chemin pour voir de près ce monument particulier qu'est la pyramide de Couhard, un monument funéraire antique de forme pyramidale, porteur de légendes.

Le ciel s'assombrit. J'accélère pour rejoindre au plus vite ma chambre d'hôte distante d'un bon kilomètre, non sans apprécier la vue sur Autun qui s'étire au nord. J'arrive cinq minutes avant les premières gouttes. L'orage qui s'abat alors est d'une telle violence que je dois finir de prendre ma douche dans le noir complet, privé d'électricité. Il est singulier de se retrouver en état de cécité dans un lieu qu'on ne connaît pas, en tenue d'Adam et savonné de surcroit !

J'attends la fin de l'orage avant d'aller visiter Autun. Trop brièvement et bien trop tard. La cathédrale Saint-Lazare est fermée. Je me contente de son tympan daté du XIIe siècle, une œuvre majeure de l'art roman bourguignon. Autun est une ville riche d'une histoire très ancienne.

Hélas, c'est encore en coup de vent que j'y passe.

Mardi 16 juillet – d'Autun à Laizy
J42 • 17,7 km • D+ 408 m • D– 447 m • 4h48 • 19 235 pas

Quand on est dans le dur en ayant un coup de mou, c'est forcément compliqué à gérer. Voilà trois jours que je traîne la patte et que je désespère de retrouver juste assez de tonus pour ne pas appréhender le lendemain. Je m'inquiète un peu. Juste un peu car finalement j'arrive à suivre mon chemin selon le programme établi sans chercher de raccourcis. Et sans aucune idée d'abandon, bien évidemment.

C'est encore une petite étape qui m'attend aujourd'hui. Je vais suivre le GR 131 jusqu'à Laizy et ensuite je prendrai des chemins de traverse pour arriver au hameau de La Chassagne où j'ai réservé une chambre et une table d'hôte dans une ferme.

Je quitte Autun un peu déçu de n'avoir pas pu faire une visite digne de ce nom, d'autant plus que Sandrine, qui m'héberge dans sa chambre d'hôtes, m'explique qu'elle est guide — en langage des signes — et qu'elle me donne en trois minutes un aperçu de tout ce que j'ai raté. Maudit orage et maudite fatigue.

Je monte à travers bois vers le mont Saint-Sébastien au sommet duquel, à l'altitude de 600 mètres, a été érigée une croix après la libération d'Autun en septembre 1944. De là-haut, je m'offre un dernier regard vers la cathédrale, la tour des Ursulines et les deux Télots. Ce sont deux terrils qui restent de l'exploitation de la mine de schiste bitumineux dont l'exploitation a cessé en 1957. Il ne fait pas chaud à cette altitude sous le vent fort qui souffle ce matin. Ces écarts de température d'un jour sur l'autre me semblent être un des facteurs de mon état de fatigue récurent. L'été ne parvient pas à s'affirmer. La longue descente vers Brion et Laizy ne sera pas très agréable avec ce vent de face. Et puis, je n'y ai pas la tête. Je ne pense qu'à terminer pour récupérer.

J'arrive vers 16 heures chez Karine et Philippe, deux « fermiers » au profil singulier. Karine s'occupe des animaux : 43 chèvres, quelques jeunes biquettes pour assurer la relève, un bouc, deux vaches jersiaises — plus sympathiques et moins imposantes que des charolaises locales — et un petit veau, trois poules soie sans oublier la chienne pour garder tout ce cheptel, une border-collie croisée avec un berger australien et, pour être complet, un vieux chat. Il semble que ce soit lui le vrai patron des lieux depuis toujours ; enfin depuis une bonne douzaine d'années.

Philippe, lui, est au fourneau et gère les quatre chambres d'hôtes. Leur table est un modèle de circuit (très) court et de maîtrise totale de la traçabilité des produits puisque la quasi-totalité provient de la ferme. Ils étaient l'un et l'autre prothésistes dentaires en Alsace avant de décider, il y a deux ans, de changer de vie et de vivre heureux, surtout. C'est ce message qu'ils partagent avec leurs hôtes, avec moi ce soir, et j'y suis sensible. Je déguste avec eux les plats préparés avec soin par Philippe et les fromages de chèvre et de vache affinés par Karine.

Il n'y a rien de tel que d'être accueilli avec chaleur pour se ressourcer et trouver un nouvel élan. Je vais manger copieusement, mais sans excès, sans oublier d'accompagner ce repas d'une petite bière locale, car demain je vais avoir une grosse journée avec 28 kilomètres et 800 mètres de dénivelé positif. Je grimpe dans le Morvan. Ce sera ma dernière étape de montagne. Il ne faut pas que je la rate !

Mercredi 17 juillet – de Laizy à Montjouan
J43 • 29,7 km • D+ 965 m • D– 980 m • 8h03 • 31 629 m

C'est à n'y rien comprendre. Hier, j'étais dans un état de fatigue avancée. Ce soir, je viens de terminer facile à 19 heures, après huit heures de marche et près de 1000 mètres de dénivelé positif, une belle étape de montagne entre la ferme de Chassagne et ma chambre d'hôtes à Montjouan. J'ai fait beaucoup de rencontres sympathiques en ajoutant même deux kilomètres à mon parcours juste pour le plaisir. Place au récit de cette superbe journée.

D'abord, il y a Karine et Philippe, mes hôtes, et ce petit quelque chose d'authentique qui vous fait vous sentir bien avec eux. Tout ne s'explique pas. Il faut y être, le vivre. La veille, la soirée avait été un régal. Le matin aussi. Et puis ces quelques mots échangés avec Agnès et Bernard au moment du petit-déjeuner. Deux grands marcheurs aussi avec plusieurs beaux pèlerinages à leur actif, dont un Saint-Jacques-de-Compostelle par la voie d'Arles. Ils habitent à Simiane-Collongue entre Aix-en-Provence et Marseille, un pays qui parle à mon cœur. Celui de Pagnol, au pied de la chaîne de l'Étoile, mais aussi celui que ma sœur Sylvie et mon beau-frère Jean-Luc m'avaient fait découvrir dès mes 16 ans et mon premier séjour chez eux à Aix. À parler, quelques trop brèves minutes, de ces petites choses qui nous rapprochent, nous créons vite un lien entre nous. C'est ce qu'on appelle de belles rencontres. Et notre chemin en itinérance nous en place quelques-unes comme ça de façon aléatoire. Il ne faut pas les chercher à tout prix, ce serait vain. Il faut attendre que le hasard ou le ciel les mettent sur notre route.

Aujourd'hui a été un grand jour de chance pour moi. Philippe me guide pour m'indiquer un sentier non référencé sur la carte pour gagner Saint-Léger-sous-Beuvray en évitant le bitume que j'avais prévu d'emprunter à défaut d'avoir trouvé mieux. Son sentier ne va pas être un grand raccourci, mais il va me permettre de marcher à l'ombre sous les arbres. Il fait déjà chaud ce matin. Ça va être une belle journée ; enfin !

C'est exactement ce que pense Jean-Jacques. Lorsque je passe devant une maison à Chevigny, il me dit en posant son casque antibruit sur un muret avant même qu'on ait eu le temps de se dire bonjour :

— Je ne vais pas toucher à la porte, il y a une alarme ! C'est la maison d'un cousin. J'entretiens juste les extérieurs.

— Il fait chaud aujourd'hui, ajoute-t-il en s'essuyant le front avec son mouchoir à carreaux sorti de sa poche. Puis on enchaîne sur des banalités météorologiques et la difficulté qu'ont les tomates à rougir cette année. Je lui parle du Poitou. Il veut savoir où précisément.

— Ah ! Montmorillon. Ben oui, je connais. J'avais été chercher (sic) du minerai de fluorine du côté de Chaillac et de Saint-Benoît-du-Sault. Ce n'est pas bien loin !

J'acquiesce.

— Et puis, je suis allé à un mariage à Saint-Savin. Le gars avait une boucherie, je crois bien.

Je lui parle de Wadern, il connaît aussi. Il a fait son service militaire à Trèves. Intarissable et doté d'une sacrée mémoire, notre ouvrier agricole de 73 ans a beaucoup voyagé. Il faisait partie d'un groupe folklorique de la Nièvre. Il aurait bien aimé aborder des sujets plus politiques sur la société et sa décadence. Mais je l'arrête, j'ai encore 22 kilomètres à parcourir et ce ne sont pas là des sujets qui me passionnent autant que lui à cet instant précis de ma vie de divagant plus inspiré par la poésie que par les tristes actualités ressassées par les médias.

Philippe m'informe par messagerie que la boulangère de Saint-Léger m'a réservé un sandwich et que son sourire devrait me redonner de l'énergie. Il est 11h30. Le sandwich m'attend. Je confirme à la boulangère ce que Philippe m'a dit et que je pense aussi : elle a un sourire superbe ! Du coup, j'ai eu droit à un deuxième sourire et à un merci adressé à nous deux.

Je passe également à la pharmacie m'acheter du *Gaviscon*, je ne sais pas si ça me fera du bien au ventre, mais ça m'en fera à la tête, enfin au moral. Moi qui pensais ne pas avoir à entrer dans un tel commerce de tout mon périple, bah, c'est raté ! Je mets le sandwich et le médicament miracle dans le sac et j'attaque la montée vers le mont Beuvray. D'après mes calculs, je devrais pouvoir faire ma pause au sommet vers 14 heures.

Voilà comment, à moitié mourant la veille, j'ai avalé 16 kilomètres et grimpé 660 mètres sans faire de pause. Je suis le premier surpris. Sur la « terrasse » du mont Beuvray, à 807 mètres d'altitude, il y a une foule de touristes arrivés là en bus ou en voiture. Il faut faire la queue pour accéder à la table d'orientation. Pas mon truc. Vite, je m'éclipse et vais m'installer bien à l'écart pour profiter de ma pause au calme. Mais avant de repartir, je détourne mes pas vers le site de Bibracte, une ville gauloise sous la forêt. Il y a là un vaste site archéologique où des travaux de fouilles sont toujours en cours. Un peu plus loin, selon les dires, le musée mérite une longue visite. Bien évidemment, compte tenu du profil de mon étape, je n'ai pas le temps de m'attarder. Peut-être y reviendrais-je un jour ?

En redescendant vers Larochemillay, je rencontre Hélène et Maylis, deux amies qui randonnent ensemble une semaine ou deux durant l'été. Chaque année, elles partent quelques jours pour découvrir les beautés de la France. Du Puy-en-Velay jusqu'à Sainte-Marie-de-la-Mer, de Dinan au Mont-Saint-Michel ou à Conques l'été dernier. Cette année, c'est de Vézelay à Paray-le-Monial. Hélène est professeur de français à Paris, mais elle part pour Toulouse pour rejoindre son futur mari. Maylis est historienne de l'art et travaille dans une galerie parisienne. Nous faisons trois kilomètres ensemble en discutant de tout et de rien. Mais plutôt de tout. Venant de me rendre compte, juste avant leur rencontre, que je n'ai rien prévu pour mon dîner, par oubli, je décide de les accompagner à Larochemillay pour vérifier s'il y a une épicerie ou un troquet ouvert. J'aurais dû virer à droite un kilomètre avant pour rejoindre ma destination à Montjouan. Mais grimper au village en compagnie de ces charmantes et agréables demoiselles n'est pas pour me déplaire. Las ! Je n'y trouve aucun ravitaillement mais je me désaltère à un point d'eau potable, remplis ma gourde et visite l'église Saint-Pierre. Hélène et Maylis dormiront à la belle étoile dans le parc derrière le gîte d'étape. Elles ont conclu cet arrangement avec un conseiller municipal que nous avons rencontré en entrant dans le village tout à l'heure. Je les laisse ici sur un banc devant l'église. Nous nous remercions mutuellement de ce bout de chemin partagé en nous souhaitant tout le bonheur du monde pour le reste de notre voyage.

Il me faut redescendre de 70 mètres, puis je dois grimper encore presque 200 mètres sur les 4 kilomètres qu'il me reste à parcourir. Je ne suis pas avare d'efforts aujourd'hui.

Lorsque j'arrive chez mes hôtes du soir, Patricia et Mark, un couple de Hollandais venus s'installer dans le Morvan pour y trouver le calme et la nature, il est 19 heures et je suis plutôt en très bon état au regard du chemin parcouru. Ils vivent dans un petit hameau de quelques maisons dispersées dans une vallée bordée de collines boisées et de quelques pâturages. Le téléphone mobile ne passe pas ici.

Apprenant que je n'ai rien à manger, Patricia s'empresse de me préparer une salade composée, de faire cuire des pâtes délicatement agrémentées et de partager une part de flan nappée de chantilly au dessert, pendant que je puise dans le frigo deux bonnes bières bien fraîches. Quel festin de roi alors que je me faisais déjà à l'idée d'ouvrir la petite boîte de pâté que je garde en cas de besoin au fond du sac !

Il faut dire que Patricia a fait le chemin de Saint-Jacques jusqu'à sa destination en Espagne, en partant des Pays-Bas, en passant, en France, par la voie de Vézelay que je vais emprunter pour partie entre Nevers et Gargilesse-Dampierre. Les 2500 kilomètres qu'elle a faits en quatre mois l'ont totalement transformée. Mark m'explique que ce pèlerinage avait fait suite à un sévère burn-out alors que Patricia travaillait dans une banque. Ce témoignage résonne en moi comme ces mots de David Le Breton dans son livre « *Marcher. Éloge des chemins et de la lenteur* » (Métailié 2012) :

> *« La désorientation ou le sentiment de ne plus pouvoir se sortir de circonstances pénibles aboutissent au même sentiment d'impuissance et d'impossibilité à se projeter dans l'avenir. Pourtant, ce n'est pas la vie qui est devant soi, mais la signification que nous lui prêtons, les valeurs que nous mettons en elle. L'individu en rupture avec son existence ne sait plus où il va, où il en est, il a l'impression d'être condamné à piétiner à jamais devant un monde qui lui échappe. Sortir de l'impasse impose la force intérieure d'ouvrir une fenêtre dans ce mur, c'est-à-dire de jeter une allée de sens, de se fabriquer une raison d'être, une exaltation, provisoire ou durable, renouveler le sentiment d'existence. L'issue tient parfois au chemin ouvert devant soi par une marche de longue durée. »*

Pour Patricia, cette longue marche a été le point de départ d'une nouvelle vie en France et d'un bonheur retrouvé. Alors maintenant, quand Patricia reçoit des randonneurs, elle est aux petits soins pour eux. Elle, qui a tant apprécié l'empathie et l'hospitalité des Français lors de son pèlerinage qui a transformé sa vie, a désormais envie d'avoir les mêmes attentions pour ses amis marcheurs au long cours. Il y a quelque chose d'indescriptible qui nous lie.

J'ai vraiment eu beaucoup de chance aujourd'hui. Et voilà pourquoi, d'un coup, par miracle, tout va mieux. À moins que ce ne soit l'inverse.

P.N.R. du Morvan – Vue du Mont Beuvray (821 m)

Jeudi 18 juillet – de Montjouan à Moulins-Engilbert
J44 • 24,2 km • D+ 646 m • D– 784 m • 6h25 • 25 586 pas

Difficile de ne pas commencer le récit de cette journée sans exprimer toute ma gratitude à Patricia et Mark pour leur bienveillance et leur générosité. Dans ce modèle du pèlerinage qui leur tient à cœur, hier soir ils m'avaient préparé un copieux repas improvisé et, ce matin, un panier trop garni à la place du simple sandwich que je leur avais demandé. Je ne risque pas de mourir de faim aujourd'hui. Le petit-déjeuner est vraiment parfait. Patricia est partie sitôt après qu'il m'a été servi. Elle encadre un groupe de marcheurs qui a rendez-vous à Autun à 9 heures.

Je pars vers 9h15. En retard comme d'habitude. Aujourd'hui, je ne crains ni la distance, ni le dénivelé, mais plutôt la chaleur annoncée. Hier soir j'avais déposé une bouteille d'eau d'un litre et demi dans le congélateur. Je vais avoir de l'eau fraîche jusqu'à 14 heures. L'été est enfin là et j'en suis enchanté. Marcher par 30 °C ne me dérange pas pourvu que je sois dehors depuis le matin, que j'aie de l'eau et une casquette. Bien sûr, plus je marche à l'ombre, mieux c'est. Mais dans l'idéal, pour ce qui me concerne, la bonne température au soleil, c'est quand il fait chaud à l'ombre. Je n'aime pas les contrastes trop saisissants. Je n'apprécie pas l'effet « climatisation » à l'ombre.

Aujourd'hui, je ne rencontre personne. Ni jardinier, ni boulangère, ni randonneuses, ni même des touristes… Personne qui ait envie de parler. Seuls Mark, ce matin, et Marie, ce soir, à l'auberge du « *Bon Coin* » à Moulins-Engilbert, m'ont fait la conversation.

Le point marquant du jour est le constat d'une préparation approximative du trajet, puisque je n'emprunte aucun GR sur certains tronçons. Plus précisément, voulant gagner quelques kilomètres, je m'étais hasardé à suivre quelques raccourcis en suivant des pointillés roses sur la carte IGN. Cela signifie que le sentier existe, mais que sa praticabilité est aléatoire.

Le cas se présente peu avant d'arriver à Onlay, le seul bourg que je traverse aujourd'hui. Le chemin sur lequel je me suis engagé, l'esprit tranquille, se referme très vite sur moi. Je joue des bâtons de marche comme de coupe-coupe. Je réduis à néant les ronces et les orties pour me frayer un passage. Mais certaines, plus perverses, m'attrapent les mollets. Je dois quitter mon sac pour passer sous un arbre tombé au sol. Bientôt, je ne peux plus avancer. Je ne veux pas revenir en arrière, par principe. Retourner sur ses pas, c'est battre en retraite. C'est un renoncement. Je saute par-dessus une clôture de barbelés pour entrer dans le champ voisin et continuer en longeant ce chemin disparu. Mes charolaises chéries sont à l'autre bout du pré à l'ombre. Je ne risque pas d'être coursé. Pour sortir de cet enclos et passer dans un autre, deux rangs de barbelés l'un derrière l'autre me barrent la route. Je quitte mon sac et le jette au-dessus de la clôture pour passer plus aisément. Pour traverser une petite rivière avant de retrouver la route, je dois passer sur une passerelle. Mais les planches pourries et la structure branlante de ce petit pont abandonné depuis fort longtemps ne me rassurent guère. Cet obstacle franchi, c'est une zone marécageuse qui m'attend. J'ai beau rechercher la meilleure solution, il faut que je mette au moins un pied dans l'eau. Pas grave. Je fais bientôt une longue pause sur la petite place d'Onlay et ma chaussure crottée sèche au soleil.

Cette mésaventure me servira-t-elle de leçon ? Ce n'est pas assuré.

Dans les contrées où les axes de randonnées sont peu utilisés, il vaut mieux éviter les pointillés roses. Pourtant, en arrivant sur Moulins-Engilbert, pour éviter de rester trop longtemps sur le bitume sans ombre, j'opte à nouveau pour un chemin de traverse. J'ai bien failli y répéter le même scénario, mais je vais ainsi gratter un kilomètre. Cette fois, j'ai gagné. J'arrive à 17h10.

Ces anecdotes sont bien anodines. Valent-elles la peine d'être racontées ? Elles sont bien loin d'être des rebondissements ou des séquences périlleuses indispensables aux romans d'aventures. Mais elles ont le mérite de pimenter légèrement des récits qui pourraient paraître bien fades. En réalité, aucune de mes journées n'est vide de sens et d'émotions. Malgré l'apparente routine de ces étapes et le sentiment d'inlassable répétition, je vis une réelle aventure renouvelée et différente chaque jour. Il n'est pas nécessaire d'aller se perdre dans la jungle de Bornéo ou dans les steppes mongoles, d'aller souffrir de la soif dans le désert d'Atacama ou du froid en Laponie, pour vivre intensément. En parcourant notre France, si variée dans ses paysages, si changeante dans son apparence d'un jour à l'autre, si riche de son patrimoine et de son histoire, je vis à chaque instant une odyssée extraordinaire. Et quand le paysage n'est plus grandiose, que rien à l'horizon ne suscite l'émerveillement, alors le voyage intérieur prend le relais. Ce dernier est cependant plus difficile à décrire qu'un chemin boueux ou un sentier bordé de ronces.

Je suis arrivé dans la Nièvre, mais je suis encore dans le Morvan. Pas pour longtemps. Ce soir, par 30 °C, je visite Moulins-Engilbert, les deux rivières qui s'y rejoignent, domptées dans des canaux qui sillonnent la ville, son château des Xe et XVe (ou du moins ce qu'il en reste), son grenier à sel du XVe, quelques maisons de la même époque et l'église Saint-Jean-Baptiste. Cette petite visite sauve ma collection de photos du jour qui sinon aurait été bien terne.

Demain, je prends la direction de Cercy-la-Tour à 25 kilomètres d'ici. Je quitte définitivement le Morvan. La plus grosse partie de cette étape se fera en suivant la voie verte qui borde le canal du Nivernais. Je vais retrouver de longues lignes droites et plates qui ne sont pas mes terrains de jeux favoris. Espérons qu'elle sera ombragée, cette voie verte, puisque l'été semble vouloir perdurer au moins trois jours de suite, ce qui constitue un exploit !

Vendredi 19 juillet – de Moulins-Engilbert à Cercy-la-Tour
J45 • 29,1 km • D+ 242 m • D– 252 m • 7h07 • 31 299 pas

Après un petit-déjeuner plutôt léger avalé à 7 heures, je décide de partir plus tôt afin de m'accorder des pauses plus fréquentes l'après-midi au plus fort de la chaleur annoncée. Les données du jour sont assez simples à retenir. Je vais faire au minimum 27 km sur du bitume, d'abord sur une route pour un tiers de l'étape jusqu'à Limanton, puis sur la voie verte en longeant le canal du Nivernais pendant les deux autres tiers. L'orientation du canal et la position de la piste par rapport à ce dernier font que je serai très certainement exposé au soleil toute la journée. Je vais devoir composer avec ça, sachant que je n'ai pas eu de congélateur à ma disposition cette nuit et qu'il va faire 32 °C à l'ombre ! Voici pour le programme.

Ma première surprise du jour, enfin, juste après le château de Limanton, dont hélas je ne peux pas approcher, est de constater que les facteurs roulent désormais dans des voitures blanches. Il semblerait qu'elles sont plus faciles à revendre ! Certes, le logo jaune et bleu est apposé sur les portières, mais quand même, tout fout le camp ! Je n'ai jamais manqué, lors de mes trois traversées de la France, sur les plus petites routes rurales, d'engager une brève conversation avec le facteur ou la factrice descendant de son véhicule le courrier à la main. Je suis attaché sentimentalement à la présence de ces « chariotes jaunes » immortalisées dans « *Les Visiteurs* », mais surtout à ceux ou celles qui les conduisent jusque dans les villages les plus reculés du pays, assurant, au-delà du service de base de distribution du courrier, un lien humain très important pour de nombreuses personnes âgées isolées. Alors, qu'elles soient jaunes ou blanches a peu d'importance, pourvu que ceux qui les conduisent assurent longtemps la même mission avec passion et dévouement.

En descendant le canal du Nivernais, à l'écluse de la Seigne, j'engage la conversation avec Franck sur le pas de la porte de sa maisonnette. Il m'explique qu'il travaille pour le département de la Nièvre et qu'il est agent d'entretien du canal. Certaines journées, sa mission est d'être éclusier. Les écluses du canal du Nivernais n'étant pas électrifiées et automatisées, c'est à la main qu'il faut les actionner. J'apprends que le trafic est variable et gratuit. Le canal du Nivernais, deuxième canal de France en fréquentation après le canal du Midi, est long de 174 kilomètres. Il relie le bassin de la Seine à celui de la Loire. À l'origine, au XVIe siècle, il était destiné à amener à Paris qui grelottait, le bois de chauffage du Morvan. Aujourd'hui, il est uniquement destiné à la navigation de plaisance et, selon les plaisanciers, est considéré comme le plus beau canal de France. Je vais le suivre aujourd'hui et demain pendant 36 kilomètres, 18 chaque jour. Franck me parle des travaux réalisés sur le canal, du tronçon commun avec la rivière Aron que je vais trouver plus loin, et du port de plaisance de Panneçot, où il me suggère de m'arrêter.

Je suis son conseil. Et comme il est 11h30, je me désaltère d'une grande menthe à l'eau et j'attends midi pour manger une salade et boire un litre d'eau fraîche à la terrasse, près de l'écluse. Je vais laisser sans regret dans mon sac le jambon beurre industriel acheté à Moulins-Engilbert et l'eau déjà tiède qui auraient dû constituer ma pitance du jour. Réhydraté, rafraîchi et reposé après cette très longue halte, je repars affronter la fournaise.

Le mercure affiche 31 °C. La piste cyclable d'asphalte brûlant ressemble à un océan de chaleur dans lequel il faut nager sans s'arrêter. Avec le soleil au zénith, les très rares zones ombragées ressemblent à de petits îlots de fraîcheur qu'il faut aller chercher. Les plus gros îlots durent huit pas, d'autres, de deux ou trois pas, ne sont qu'un éphémère et artificiel soutien psychologique. Bien sûr, il y a de l'ombre sur ma droite sous les arbres, mais le chemin n'y passe pas. Il y en a de l'autre côté du canal, tout aussi inaccessible. Ça ne sert à rien de se poser des questions. Il faut s'accrocher et se dire que cette épreuve, car c'en est une, est une expérience que j'ai la chance de vivre. J'ai tellement attendu que cette chaleur arrive que je ne peux pas maintenant me permettre de geindre.

Du pont de l'écluse de Sauzay, on ne peut pas discerner la fin du canal qui s'étire jusqu'au bout de la ligne droite longue de plus de trois kilomètres. Mais je distingue bien l'absence totale d'îlots d'ombre aussi loin que ma vue me le permet. Je décide de m'arrêter tous les quatre ou cinq kilomètres, c'est-à-dire toutes les heures, pour me rafraîchir autant que possible. Je vais économiser l'eau fraîche de ma petite bouteille pour la boire et me servir de celle de la grande pour m'asperger.

Allez, courage. Il est 15 heures et j'ai encore 11 kilomètres à parcourir. Mon chemin, je dois le mériter, me dis-je. Ce serait trop triste s'il était trop aisé. Et qu'aurais-je alors à raconter ?

Mais que les kilomètres défilent lentement sur le ruban chauffé à blanc ! Je m'occupe l'esprit en me chantonnant des paroles de circonstances. Je pense à Brel et son « *Plat pays* », bien sûr. Sortant du Morvan, où j'étais encore hier et dont je perçois distinctement les montagnes à l'horizon loin au-dessus du canal en me retournant, le plat pays que je parcours aujourd'hui et ce canal m'inspirent :

Avec un ciel si bas
Qu'un canal s'est perdu
Avec un ciel si bas
Qu'il fait l'humilité
Avec un ciel si gris
Qu'un canal s'est pendu

Pourtant, le ciel est si haut aujourd'hui. Si haut, si bleu, si beau, si rieur, si gai et si chaud. Si brûlant. Et le canal n'est ni perdu ni pendu. Je le tiens par la main depuis 14 km. Je le marque de tellement près que j'en oublierais sa présence. J'oublierais presque sa fraîcheur et sa verdeur. Ses petits poissons-chats en bancs serrés qui semblent aimer une demoiselle, à moins que ce ne soit une libellule, au point de lui dessiner un cœur.

Et ses bateaux qui passent lentement juste pour faire plisser l'eau si lisse, presque immobile sans eux. Dans leur sillage, durant quelques minutes, les vaguelettes donnent du relief à l'eau verte, comme ces milliers de ronds dans l'eau que fait la pierre jetée par Michel Legrand.

Alors, je regardais les bateaux
Je rêvais de glaces à l'eau.

Osé-je, dans ma tête, librement interpréter la si belle chanson de Jonasz. De glace à l'eau ? Ou d'eau froide sans glace. Ou plutôt de la bonne pinte de mousse qui, ce soir, va me désaltérer autant que m'enivrer. Et Dieu sait que je l'aurais méritée aujourd'hui. L'eau de ma gourde est trop chaude. Je pourrais faire du thé avec. Et ce cagnard ardent… pléonasme ! Tu délires, l'extremwanderer. Bah, tant que tu ne tombes pas et que tes jambes te portent.

Quand t'es dans le désert depuis trop longtemps,
Tu t'demandes à qui ça sert…

Ah oui, je me demande bien à qui ou à quoi ça sert de marcher comme ça sous ce soleil de plomb. Il faut être un peu insensé. Un peu Babouin.
L'heure avance, le canal tourne sur la droite. Il passe cap sud-ouest. Le soleil aussi tourne et je finirai avec un peu plus d'ombre avant d'avoir sombré pour de bon.
C'est ma récompense, une reconnaissance de mon ouvrage.
Lorsque j'arrive à 18h16 après exactement dix heures au grand air nivernais et après 7h07 de marche, j'ai parcouru 29,13 km. Il fait 32 °C.

Je suis crevé et rudement fier de moi.
Et vous savez quoi ? J'ai passé une journée formidable !

C'est la 45e journée de mon périple. J'en suis à 1200 kilomètres et 24 623 mètres de dénivelé. Et je suis à nouveau en pleine forme. Finis les tracas : je revis.

À Cercy-la-Tour, au restaurant où je sirote ma bière et déguste avec gourmandise les suggestions d'un chef bourré de talent : un magret de canard au miel, puis une « verrine citron, biscuit et crème arrosée d'un pesto de menthe fraîche », en regardant au loin se dresser un cumulonimbus aux volutes impressionnantes, je me dis une fois de plus que j'ai une chance inestimable d'être là et de me sentir tellement vivant !

> *« Les sensations ricochent les unes sur les autres, chacune ajoutant sa nécessité de présence. La contemplation suspend le temps, mais elle ne s'épuise pas dans le seul regard, elle mêle le son, les impressions tactiles, la saveur du vin... Le monde n'est pas avare de ses offrandes ni le voyageur de les recevoir. Tout voyage est un cheminement à travers les sens, une invitation à la sensualité. Une foule de sensations heureuses justifie mille fois d'exister et surtout d'être là à ce moment. Le don de présence des événements n'est pas moins prodigue que la fringale du voyageur qui s'efforce de faire une large provision des perceptions glanées çà et là. La marche est d'abord un art des sens. La disponibilité à l'instant amène à des sensations plus vives, plus mémorables. Un marcheur est un homme ou une femme qui se sent passionnément vivant et n'oublie jamais que la condition humaine est d'abord une condition corporelle. »*
>
> David Le Breton – *Marcher. Éloge des chemins et de la lenteur.*

Samedi 20 juillet – de Cercy-la-Tour à Decize
J46 • 19,6 km • D+ 111 m • D– 84 m • 5h28 • 21 309 pas

Je n'ai pas été exemplaire hier soir et cette nuit en utilisant la climatisation — sans excès, à 24 °C — dans la chambre de « *Chez Marie* » à Cercy-la-Tour. Jusqu'ici très vertueux, mon bilan carbone s'est brutalement dégradé. Mais j'ai passé une bonne nuit et il le fallait, car les kilomètres d'hier ont été éprouvants. Mes jambes et mes hanches accusent le coup et je garde ce matin quelques séquelles sous la forme de douleurs tout à fait supportables. Je vais remettre ça aujourd'hui sur une distance fort heureusement plus modeste pour me rendre à Decize.

Après un petit-déjeuner « banquet » chez Marie, je décide de faire un tour dans les hauts de Cercy-La-Tour sur la rive droite de l'Aron. C'est ici que se situait jadis la tour — le donjon du XIIIe siècle — qui a accolé son nom à Cercy avant de tomber en ruine et de disparaitre après la Révolution française. Elle a été reconstruite pour partie sur un emplacement approximatif en 1883. C'est sur cette tour, en 1958, que fut érigée une statue monumentale de la Vierge Marie : Notre-Dame du Nivernais. Cette statue de béton armé de cinq mètres de haut fut réalisée par Jean Pontriquet, sculpteur de Paris. Elle s'est détériorée avec le temps et a été remplacée en 2008 par une statue en pierre sculptée.

J'en profite pour visiter l'église Saint-Pierre, une des plus anciennes de la Nièvre (XIe), et m'arrêter devant la fontaine de la place d'Aligre. À Cercy-la-Tour, le marquis d'Aligre fit creuser sur la place publique, un puits qu'il fit recouvrir d'une pompe ornée de son buste et de celui de son épouse. Né le 20 février 1770 à Paris, Étienne-Jean-François-Charles, marquis d'Aligre, appartenait à l'une des plus importantes maisons de l'ancienne noblesse de robe, qui avait donné deux chanceliers à la monarchie. Son père avait été premier président du parlement à Paris. Le marquis, immensément riche, distribua une grande partie de ses biens à divers établissements charitables à

Château-Chinon, à Luzy, à Cercy-la-Tour et à Bourbon-Lancy, dans la chapelle de l'hospice d'Aligre où il repose depuis 1847.

Mais ne perdons pas trop de temps. Il va faire très chaud encore aujourd'hui. Les conditions de marche seront certainement identiques avec l'absence d'ombre. Et il faut que j'arrive avant les violents orages annoncés pour la fin de journée.

Je rejoins le canal du Nivernais, à l'ombre pour commencer, mais pour peu de temps. Deux cyclotouristes suisses s'arrêtent à ma hauteur. Ils cherchent un téléphone perdu la veille. Je leur demande ce que je dois faire si je le trouve.

— Bah, rien, me répond-on !

Bien ! Je ne pourrais pas les joindre. Du coup, ça ne sert à rien que je cherche puisque si je le trouve, je serai face à un dilemme frustrant.

Pourtant, je vais instinctivement passer ma matinée à scruter l'accotement en herbe de mon côté.

Quelques heures plus tard, alors que je commence à oublier ce téléphone perdu dont je ne saurais pas quoi faire, je croise à nouveau nos deux Suisses. Ils sont bredouilles. Du coup, je me dis que si j'avais trouvé le téléphone, j'aurais su quoi en faire ! Bon, de toute façon, je ne l'ai pas trouvé. Mais du coup, maintenant, je me demande s'il ne faudrait pas que je continue à chercher pour le cas où ils passeraient une troisième fois !

Dans la Senelle, les vaches et les chevaux vont au bain de sabots. Ça fait très western vintage. Quand il y avait des cow-boys et un troupeau de vaches dans le Grand Ouest américain, il fallait toujours qu'ils traversent une rivière. Et c'était à ce moment précis que les Indiens attaquaient. C'est toujours plus spectaculaire au milieu d'une rivière en cinémascope. Ce qui m'interpelle ici, c'est que la Senelle, cette petite rivière sur ma droite, va se jeter dans l'Aron qui lui, est sur ma gauche et de l'autre côté du canal. Eh oui, la Senelle passe sous le canal.

Je vais retrouver une situation identique à l'écluse de Roche avec l'Andarge. Le canal du Nivernais passe sur un pont-canal juste avant l'écluse. À l'ombre du tilleul, j'engage la conversation avec Martial, l'éclusier. Lui n'est pas un agent du département, comme Franck rencontré hier. Son employeur est les VNF — Voies Navigables de France. Il habite à Decize et a en charge la gestion de plusieurs écluses, passant de l'une à l'autre pour « suivre » ou plutôt « précéder » les bateaux qui remontent ou descendent.

Assis sur le muret du pont à côté de Martial, j'avale le sandwich industriel non consommé hier. Il a pris un coup de chaud, mais il est mangeable et il ne faut pas gâcher la nourriture. Je fais la conversation à Martial. Il a le temps de discuter. Depuis ce matin, il n'a vu que deux bateaux montants. Il en attend un troisième qui doit descendre. C'est pour cela que l'écluse est en position haute. Il m'explique que son job est aussi de gérer au mieux l'eau du canal pour ne pas la gaspiller. Ouvrir l'écluse, c'est libérer 600 m^3 qui vont se déverser dans la Loire. L'appoint du canal se fait par l'Aron à Cercy-la-Tour. L'écluse est aux normes Freyssinet. Elle fait 5,50 m de large et 40 m de long. Le cas échéant, on peut y loger trois bateaux l'un derrière l'autre. L'éclusier doit alors faire patienter les plaisanciers. Mais avec le petit trafic actuel, cette situation est très rare.

Je reste plus d'une heure à discuter avec Martial. J'aurais bien aimé assurer la manœuvre de l'écluse sous ses directives mais le bateau descendant attendu ne viendra pas suffisamment tôt. Je dois reprendre le chemin de halage.

Cette fin de parcours en plein soleil est pénible. Plus qu'hier. J'ai hâte d'arriver. À Champvert, je retrouve le GR 3. Une vieille connaissance que j'avais laissée à Chinon, il y a deux ans, après l'avoir suivie depuis la Brière. J'arrive à Decize bien avant les orages. Je vais avoir le temps de laver mon linge et de le laisser sécher au soleil dans le jardin avant l'arrivée de la pluie.

Une grosse étape m'attend demain. Malgré la fenêtre entr'ouverte, je peine à trouver le sommeil dans ma chambre surchauffée.

Dimanche 21 juillet – de Decize à Imphy
J47 • 36,6 km • D+ 635 m • D– 686 m • 8h34 • 38 956 pas

En théorie, cette étape aurait dû faire 31 kilomètres. C'est déjà beaucoup. Mais c'est en théorie seulement.

Tout d'abord, je m'ajoute ce matin une visite du centre historique de Decize. J'en ai été privé hier en raison des orages. Il faut aussi que je m'achète un sandwich pour la route.

— Pas le dimanche, me rétorque laconiquement la caissière de la seule boulangerie que je trouve.

J'ai envie de lui proposer un stage à la boulangerie de Saint-Léger-sous-Beuvray pour apprendre le sens du service et du sourire, mais je ne vais pas faire mon touriste grincheux.

Je me contente d'un croissant aux amandes acheté dans une autre pâtisserie. Puis je fais le tour du centre-ville pour photographier l'hôtel de ville et son beffroi, l'église Saint-Aré, les remparts, la Loire et la porte d'Aigre.

Il tombe quelques gouttes éparses ce matin ; rien d'inquiétant pour l'instant. La température a chuté à 17 °C et elle ne devrait pas monter bien haut aujourd'hui. Je protège toutefois mon sac, car le temps n'est pas sûr.

Jusqu'à La Machine, en traversant le bois des Glénons, j'ai le « plaisir » de retrouver des chemins défoncés, boueux et glissants à souhait. L'orage de la nuit a laissé des traces et c'est en arrivant à La Machine, ancienne cité minière où je n'ai pas le temps ni l'envie de visiter le musée de la mine, que je dois mettre mon poncho pour me « protéger » de 45 minutes d'une belle averse. C'est le temps qu'il me faut pour traverser la ville. Sur la carte, je m'étais imaginé un raccourci qui… me rallonge pour la deuxième fois de la journée. Mettant à mal ma théorie des 31 km.

De l'autre côté de La Machine, alors que la pluie a cessé, la forêt domaniale des Minimes est plus agréable à traverser. J'apprécie les chemins propres et larges, même si j'ai les pieds déjà trempés.

Et à part ça ?

En matinée, je rencontre un joggeur tout seul qui survole les chemins boueux avec une aisance que j'envie. Puis une joggeuse avec un chien qui veut me dire bonjour, mais qui est tout mouillé. Puis un joggeur avec un chien qui aboie, mais qui n'est pas méchant, selon le joggeur. Puis, en cours d'après-midi, une promeneuse avec un chien peureux qui me conseille de faire attention de ne pas me faire attaquer par les sangliers et les chevreuils. Et enfin une mamie sans chien et sourde comme un pot qui sort de sa voiture blanche avec un petit panier métallique, enfin, pas si petit que ça, au fond duquel elle a disposé une serviette en papier jaune.

— Je vais aux girolles. C'est trop tôt pour les cèpes. Me dit-elle.

Si elle le dit. Voilà, en résumé, mes rencontres du jour. À vrai dire, il est bon parfois de ne pas perdre trop de temps à discuter.

J'observe une seule pause au 17ème kilomètre. Le reste, presque entièrement sur bitume, est avalé d'une seule traite. À l'approche du but et des 35 kilomètres de marche, des travaux de remplacement d'un pont sur l'Ixeure — une petite rivière qui se jette dans la Loire — m'obligent à revenir sur mes pas pour amorcer un grand détour. Le logement que je rejoins est coincé entre la Loire, l'Ixeure, une imposante usine de métallurgie et une ligne de chemin de fer. J'ajoute ainsi généreusement 1,7 km à mon étape et j'établis ainsi un nouveau record à 36,6 km. Par chance, j'échappe à la pluie qui se met à tomber lorsque j'arrive à mon logis. Exceptionnellement, je me fais livrer une salade et un burger. Mais le plus dur, c'est que je dois me priver de ma petite mousse revigorante.

Demain, je rejoins Cuffy dans le Cher, enfin, pour être précis, je vais à La Grenouille, mais je passerai à Nevers pour une courte visite.

Quand même 36,6 km sans bière à l'arrivée ! Ce n'est pas rien !

Lundi 22 juillet – d'Imphy à Cuffy
J48 • 27,8 km • D+ 172 m • D– 174 m • 7h43 • 30 083 pas

La variété des espaces traversés au cours d'une même journée est un élément majeur pour rompre la monotonie et créer des sentiments parfois opposés. Le hasard des rencontres et des événements qui se déroulent sous vos yeux participe à ce kaléidoscope émotionnel. Parfois dramatiques, ils vous assaillent. Parfois heureux, ils vous font sourire et même rire. Parfois sublimes, ils vous émerveillent. La randonnée en itinérance est extraordinaire en ce sens que, mis à part le chemin que vous avez décidé d'emprunter et qui peut être remis en cause de façon imprévue et le mouvement délibéré induit par la marche, ce qui peut ou va vous arriver est parfois imprévisible. C'est aussi en cela qu'il est nécessaire, face à la nature dont vous n'êtes qu'un petit élément, de faire preuve d'humilité, d'une grande tolérance et parfois d'une sacrée résilience.

La journée s'annonce belle. Je m'achète un sandwich à Imphy et la boulangère me le vend avec le sourire en m'interrogeant sur ma destination et en s'inquiétant de l'énorme ennui que je dois surmonter à faire tout ça tout seul. Je n'ai aucune peine à trouver les mots qu'il faut pour la rassurer.

Je traverse la Loire. Sur un pont, c'est facile ! Les eaux du fleuve sont troublées. Son bassin versant a été copieusement arrosé la veille.

Je rejoins le canal latéral à la Loire qui, comme son nom l'indique, suit le cours du fleuve tout en en étant parfois éloigné. C'est parce que la Loire est un fleuve trop capricieux pour les échanges commerciaux qu'en 1820 on décide de construire ce canal de 197 kilomètres. Le long du canal latéral passe désormais l'EuroVéloroute 6 que j'ai déjà empruntée après Besançon. Je la retrouve ici après deux kilomètres d'une route départementale peu agréable pour les piétons. J'ai prévu d'aller visiter Nevers en suivant le canal de jonction entre le canal latéral et le port de Nevers. Mais avant d'y parvenir, je vais vivre des événements vraiment opposés dans le registre des émotions.

Il y a d'abord, loin devant moi, mais pas si loin, une chevrette avec son faon. Elle semble désorientée sur la piste cyclable qui longe le canal. Elle ne s'enfuit pas à mon approche et j'en suis surpris. Un vélo me double et s'arrête. La chevrette hésite et finit par fuir avec son faon dans le buisson du côté opposé au canal. En approchant, les petits remous sur l'eau calme du canal, comme un frémissement, me surprennent. J'arrive sur les lieux avec trois cyclotouristes et nous constatons la présence d'un deuxième faon dans le canal. Il appelle sa mère à son secours. Ses petits cris aigus résonneront dans ma tête toute la journée. S'il était resté près du bord, de notre côté, nous aurions pu l'attraper en nous mettant à plat ventre. J'aurais pu utiliser la boucle de mes bâtons de marche, par exemple. Mais l'homme est un prédateur plus dangereux encore que l'eau du canal pour les bébés chevreuils. Le faon s'éloigne de nous et rejoint la rive opposée le long de laquelle il n'aura aucun salut. Sans embarcation, il nous était impossible de secourir le pauvre animal condamné à mourir noyé, épuisé. Voyant notre impuissance à agir et ne pouvant pas, nous-mêmes, mettre notre vie en danger, je décide de continuer mon chemin, le cœur gros.

Quelques minutes auparavant, je m'étais arrêté pour lire un panneau indiquant que la fédération des chasseurs de la Nièvre œuvrait pour mettre en place des aménagements sur les rives des canaux, car des centaines d'animaux s'y noient chaque année. En effet, plus d'un kilomètre après le lieu de cet événement bouleversant, je constate la présence d'une pente douce bétonnée et recouverte d'une bâche en caoutchouc rugueuse sur laquelle les griffes ou les sabots des animaux peuvent adhérer. Impossible d'imaginer que le faon aurait pu nager jusqu'ici. Apeuré, il était parti à l'opposé. Et puis quelles chances aurait-il eu de retrouver sa mère ? Je mis du temps à me remettre de ce qui restera sans aucun doute le drame le plus éprouvant de mon périple.

L'événement suivant est à l'opposé du premier. Ayant rejoint le canal de jonction, à environ trois kilomètres de Nevers, je croise un jeune randonneur avec un sac à dos suffisamment volumineux pour me laisser penser qu'il est parti pour plusieurs jours. Ce qui est étrange, c'est qu'il est accompagné d'un camarade sur un VTT. Je pense tout d'abord à un accompagnateur sur quelques kilomètres. En réalité, après quelques minutes de conversation, j'apprends que Bastien, le marcheur, et Clément, le cyclo, parcourent depuis plusieurs années un peu plus ou un peu moins du GR 3 depuis Saint-Nazaire jusqu'à la source de la Loire au pied du mont Gerbier-de-Jonc. Lorsque je les croise, ils viennent de partir de Nevers où Clément a acheté un vélo pour 50 euros dans un quartier peu recommandable grâce à un site de vente en ligne très populaire. Considérant l'état apparent du vélo, je pense que le vendeur a fait une excellente affaire !

 Ce soir, ils planteront la tente à Imphy, tout près du lieu où j'ai dormi la nuit dernière. Ce sera donc une petite étape pour les deux copains qui ont décidé une entrée en matière plutôt soft. Leur deuxième journée les emmènera à Decize. Et je me dis qu'à les voir tous les deux dans des sandales sans chaussettes, je crains le pire sur les chemins boueux où je suis passé hier.

 Bastien est photographe professionnel installé à Saint-Nazaire. Il habite à Saint-Michel-Chef-Chef. Clément est céramiste, formé à Limoges. Il est déjà venu à Montmorillon une fois et il habite *« un coin perdu que je ne peux pas connaître »*, selon ses propos. C'est à Corsept, sur la rive gauche de l'estuaire de la Loire. Et, pour être plus précis, dans la même rue que mon fils, Maxime, Brenda, son épouse, et Zoé, ma petite-fille chérie. Forcément que je connais Corsept ! Nous passons une demi-heure à discuter et nous nous promettons de nous suivre à distance. Peut-être nous retrouverons-nous à Corsept ou à Saint-Brévin-les-Pins en novembre, puisque je m'y rends chaque année pour fêter l'anniversaire de Zoé.

 Au-delà des coïncidences de lieux et de temps qui nous rapprochent toujours, c'est le profil de ces deux amis artistes qui suscite de l'intérêt. L'un est photographe, l'autre dessine, mais ils présentent un décalage énorme dans la « gestion » de leur randonnée d'une dizaine de jours. Bastien est l'organisateur, c'est une évidence. Clément est le suiveur. Il pourrait faire l'éclaireur sur son vélo, par exemple, afin de trouver un bon *spot* pour le bivouac, mais il vaut mieux qu'il soit suiveur. Et qu'il ne s'éloigne pas trop, car il serait capable de se perdre. J'avais le sentiment d'être un amateur dans ma préparation, je suis rassuré. Il y a encore plus amateur que moi. J'adore leur manière de voir la vie, leur complicité, leur décontraction, cette touche d'insouciance, privilège de leur jeunesse peut-être — 30 et 32 ans —, et leur façon d'aborder cette petite aventure avec beaucoup d'humour et d'autodérision. Quelle belle et inattendue rencontre ! Nous nous quittons, non sans échanger nos coordonnées. Nos missions respectives nous attendent. Je les suivrais avec plaisir à distance et nous nous retrouverons pour évoquer nos souvenirs. C'est sûr.

Quelques kilomètres plus loin, l'esprit tout guilleret, encore occupé par la belle rencontre de Bastien et Clément, je découvre sur la berge du canal, entre deux platanes, la stèle posée à l'endroit où Pierre Bérégovoy a trouvé la mort le 1er mai 1993. Je me souviens de cette triste affaire qui a secoué la France entière. J'avais oublié la date et le lieu, mais cette découverte vient réveiller ma mémoire et me pousse à retrouver quelques informations. C'est une sale histoire de politique et de défaite de la gauche, de corruption — ce qui était monnaie courante à cette époque — et de l'honneur perdu d'un ancien premier ministre devenu une cible à abattre. Sale moment pas si lointain !

Je traverse la Loire à nouveau pour entrer dans Nevers. Le cœur historique est concentré autour de la place de l'Hôtel de Ville et de la place de la République. On y trouve la cathédrale Saint-Cyr-et-Sainte-Julitte qui n'en finit pas de panser ses plaies depuis qu'en juillet 1944, deux bombes de la RAF l'ont détruite par erreur. On y trouve aussi le palais ducal, superbe, devant son esplanade bien dégagée. Un petit détour par ses anciens remparts et la porte Croux et me voilà passant le pont dans l'autre sens.

Je me rends à La Grenouille en passant par Gibouille et le pont-canal du Guétin. Et pour ce faire, je me laisse guider par le balisage du GR 654. C'est aussi la voie jacquaire de Vézelay que je vais suivre, peu ou prou, jusqu'à Gargilesse-Dampierre où je serai dans huit jours, le 30 juillet.

Je descends la Loire sur sa rive gauche pendant quelques kilomètres en direction de l'Allier. Les deux cours d'eau les plus sauvages de France se rejoignent bientôt au Bec d'Allier.

Je me fais virer comme un malpropre par un patou qui n'aime pas que je m'approche de son troupeau de brebis pour les prendre en photo, quand bien même je reste de l'autre côté de la clôture.

La grue rouillée du port de Gibouille, où mouillent encore quelques bateaux de plaisance, témoigne d'une activité économique autrefois florissante, quand le commerce par les voies fluviales était à son apogée. Lorsqu'en 1838, le canal latéral est mis en service, il s'accompagne d'ouvrages remarquables, comme le pont-canal du Guétin sur lequel les bateaux peuvent ainsi traverser l'Allier. C'est un pont-canal de 343 mètres de long construit entre 1832 et 1835 par 250 bagnards et 150 ouvriers. Ce pont-canal a vu passer de nombreux bateaux de marchandises jusque dans les années 1970. Mais le rail et la route l'ont peu à peu remplacé. La traversée sur ce pont-canal où une voie piétonne est ouverte, est impressionnante. Le tumulte des eaux jaunes de l'Allier, au-dessous, contraste avec les eaux vertes et calmes, presque immobiles, de ce paisible canal, au-dessus.

Me voici arrivé dans le Cher. Je dîne et dors ce soir à l'hôtel-restaurant de la Grenouille sur la rive du canal d'alimentation du canal latéral.

Nevers (58) — Place de la République — Palais Ducal (XVe)

Mardi 23 juillet – de Cuffy à Sancoins
J49 • 25,7 km • D+ 149 m • D– 116 m • 6h27 • 27 055 pas

Ce matin, je pense être le seul occupant de l'hôtel de la Grenouille. Mon petit-déjeuner a été déposé cette nuit devant la porte de ma chambre. Peu m'importe pourvu que j'aie quelque chose à avaler avant de poursuivre ma route sur le GR 654. Je suis un peu fatigué, je dois l'avouer. Les deux journées très chaudes qui ont précédé les 36,6 km de l'étape d'avant-hier m'ont coûté pas mal d'énergie. Ça ne m'empêche pas de tracer ma route à vive allure, mais le cerveau passe plus de temps à gérer le corps fatigué qu'à me shooter l'esprit. Je suis moins euphorique et plus gestionnaire de mes enjambées. La marche pour avancer a pris le dessus sur le plaisir de vagabonder. S'ajoute à cela un ciel gris et même une brève et légère bruine qui ne m'amuse guère.

Depuis ce matin, je remonte le canal d'alimentation du canal latéral jusqu'à la prise d'eau des Lorrains. Ici, une écluse circulaire permettait aux bateaux de passer de l'Allier au canal. Cette écluse ronde est unique en France. En 1846, ce canal était parcouru par 643 bateaux. Aujourd'hui, il ne conserve plus que son rôle d'alimentation en eau.

Quelques pas supplémentaires me portent à Apremont-sur-Allier. À l'origine, Apremont était un village de carriers. Ses carrières de calcaire doré et tendre fournissaient des pierres de taille acheminées sur des bateaux à fond plat sur l'Allier et la Loire. Elles ont servi à la construction d'édifices religieux, comme la cathédrale d'Orléans, ou de châteaux, comme Chambord et Blois. S'inspirant de ce passé médiéval, Eugène Schneider, alors propriétaire du château et maître de forges au Creusot — le troisième de la dynastie industrielle —, entreprend un patient travail de mise en valeur du village entre les deux guerres. Il détruit ce qui n'est pas en harmonie avec le site. Les maisons restantes subissent d'importants travaux d'embellissement afin d'être dans le style médiéval berrichon qui fait l'unité d'Apremont aujourd'hui. Le village est classé parmi « *les plus beaux villages de France* » depuis 1987. Dominant le village, le château se dresse au bord de l'Allier. Il ne reste pas grand-chose de la formidable forteresse-prison des ducs de Bourgogne qui fut démantelée par Charles VII : cinq tours contre les quinze d'antan, de l'herbe à la place de l'eau dans les douves et une élégante façade gothique refaite dans la pierre du pays. Depuis 1722, le domaine est entre les mains de la même famille par une transmission en ligne féminine. En 1894, Antoinette de Rafélis de Saint-Sauveur, la grand-mère de l'actuelle propriétaire, épouse Eugène Schneider. Il s'enthousiasme pour le site qu'il n'aura de cesse de transformer et d'embellir. Son petit-fils, Gilles de Brissac, lui succède et crée dans les années 1970 le parc floral qui s'impose vite comme un des plus beaux jardins de l'après-guerre. Les premiers travaux débutent en 1970 : une vallée est barrée afin de constituer une série d'étangs. Des prés se transforment en pelouses et en massifs d'arbustes.

Une cascade, construite avec 650 tonnes de rochers, est aménagée dans une carrière désaffectée. Des arbres en bac, pesant chacun plusieurs tonnes, sont apportés en semi-remorques et mis en place. Des essences rares sont présentes dans tout le parc : séquoias, cèdres pleureurs, cyprès chauves, ginkgos biloba, liquidambars, bouleaux pleureurs. Une place de choix est réservée à une collection d'arbustes à fleurs et à une grande sélection de plantes vivaces qui forment de larges bordures fleuries ainsi qu'une bordure blanche, inspirée du fameux «*jardin blanc*» de Sissinghurst en Angleterre. Trois petites constructions très à la mode au XVIIIe siècle ponctuent le jardin. Le belvédère, d'inspiration russe, est décoré de huit panneaux en faïence de Nevers d'après les dessins d'Alexandre Serebriakoff, sur le thème des voyages des Pulcinelli autour du monde. Le pont chinois à l'architecture de pagode et le pavillon turc orné de peintures évoquant les différentes étapes de la vie viennent compléter l'ensemble.

Je deviens touriste le temps d'une visite ensoleillée. Cette récréation sera bien évidemment le point d'orgue de ma journée.

Le reste de l'étape est bien laborieux à mes yeux avec cette longue et large route, heureusement peu fréquentée, que j'arpente jusqu'à Grossouvre. La ligne droite de plus de trois kilomètres en traversant la forêt d'Apremont me paraît interminable. Ah non, le GR 654, ici, n'est pas à la hauteur du site que je viens de visiter. Souffrez donc, pèlerins ! Si la route n'était qu'enchantement, ce serait bien trop luxueux !

À Grossouvre, petite commune au passé industriel, je m'accorde une pause tardive car je n'ai trouvé aucun endroit sur mon chemin où m'asseoir pour manger ma collation. Ce village de la vallée de l'Aubois présente une particularité, celle d'avoir un immeuble surnommé « *Les Galeries* », créé en 1834 par le propriétaire des forges et destiné à accueillir la famille des ouvriers. On y trouve douze logements répartis sur deux étages et desservis par des coursives accessibles par un escalier intérieur central. « *Les Galeries* » offrent un confort qui n'a rien de comparable pour l'époque et le niveau social de ses habitants. Chaque famille dispose de deux pièces de vie — une de jour, à feu, au sud et une chambre au nord — et de grandes ouvertures vitrées. Cette construction est le plus ancien immeuble ouvrier à galerie-coursives actuellement connu en France. En d'autres termes, il s'agit du premier HLM.

Je retrouve enfin un sentier avec ses inévitables ronces et orties qui obligent à faire travailler les jambes et les hanches. Finie la marche lancinante, la répétition usante des pas trop identiques sur l'asphalte. Il faut danser maintenant et parfois se contorsionner. C'est beaucoup plus sportif et surtout moins ennuyeux. Ma deuxième halte dans le Cher, donc dans le Berry, est à Sancoins, un chef-lieu de canton de 3000 habitants. En arrivant, une petite bruine, comme le matin, me rafraîchit, si toutefois j'en avais besoin. Non, je n'ai pas souffert de la chaleur aujourd'hui. Demain, 30 kilomètres m'attendent. J'irai faire un court passage dans l'Allier, à Ainay-le-Château.

Apremont-sur Allier (18) — Parc Floral — Le Belvédère

Apremont-sur Allier (18) — Parc Floral — Le Pavillon Turc

Mercredi 24 juillet – de Sancoins à Ainay-le-Château
J50 • 31 km • D+ 120 m • D– 91 m • 7h36 • 30 376 pas

C'est jour de marché à Sancoins et la population locale afflue au centre-ville au moment où je le traverse pour rejoindre le GR 654. Ce marché n'est rien en comparaison avec le grand marché au bétail, qui se tient également tous les mercredis au Parc des Grivelles. Pendant très longtemps, il fut l'un des plus grands marchés de France.

Une grande partie de la journée, je vais suivre le canal du Berry qui s'appelait à l'origine « canal du Cher », puis « canal du duc de Berry » avant de prendre son nom actuel en 1830. Il a été réalisé entre 1808 et 1840 et était initialement long de 320 kilomètres. Il a été utilisé jusqu'en 1945. Déclassé, le canal a été vendu pour un franc symbolique du kilomètre aux municipalités riveraines, qui en ont fait ce qu'elles voulaient. Certaines l'ont conservé totalement ou partiellement en eau, d'autres l'ont abandonné aux broussailles, d'autres enfin l'ont bouché et ont construit dessus.

Entre Sancoins et Vernais, j'ai l'occasion de vérifier que son état est très variable. S'il n'est plus utilisé pour la navigation, il reste le domaine des pêcheurs. Le premier que je rencontre râle. Il ne prend que des « soleils » et ça n'a pas l'air de le satisfaire. Plus loin, quatre pêcheurs m'ont l'air plus aguerris. Ils viennent de sortir un sandre. Ils me le présentent, mais pas en photo sur leur téléphone. Plutôt en chair et en arêtes, sans tête ni nageoires et prêt à être cuisiné. Nous discutons de pêche, même si je n'y connais rien. Mais je fais semblant. Et nous parlons aussi de randonnée, un sujet qui me convient mieux. Ils connaissent la Vienne. La foire des Hérolles, ça leur parle. Je m'en rapproche. Enfin, pour les deux derniers pêcheurs rencontrés, ça n'a pas l'air de mordre. Trop de vent, mauvaise lune : ils évoquent des causes probables de leur infortune.

Si l'état du canal est changeant d'un secteur à l'autre, parfois totalement recouvert de lentilles d'eau, parfois envahi par la végétation, les berges sur lesquelles je chemine sont bien en herbe, parfois haute. Ici, il n'y a pas de piste cyclable. Je n'y rencontre personne, hormis les pêcheurs.

Pour les derniers kilomètres, je dois laisser le canal du Berry afin de rejoindre Ainay-le-Château. Il n'y a aucun sentier balisé qui y mène et je dois suivre des routes que j'espère peu fréquentées. J'avais toutefois repéré un chemin noir de 800 mètres et la photographie satellite m'avait rassuré au sujet de sa praticabilité. C'est certainement une ancienne voie ferrée désaffectée.

Hélas, ce chemin est aussi abandonné que certains tronçons du canal. Il est envahi par les orties. Je mets un temps considérable à le parcourir en défrichant devant moi à grand coup de bâtons de marche et j'en sors les jambes bien endolories par les piqûres. Mais cette fois encore, par orgueil, je n'ai pas fait demi-tour.

J'arrive peu avant 19 heures chez Gabrielle qui m'accueille ce soir, au cœur d'Ainay-le-Château, dans sa vieille maison à qui elle a donné une âme en l'habillant de ses œuvres. Gabrielle est artiste. Photographe, peintre, céramiste. *« C'est parce que je ne pouvais m'exprimer autrement que j'ai eu le besoin de créer. De remettre de l'harmonie et du sens là où je n'en trouvais pas. Aussi loin que je puisse me souvenir, créer m'a sauvée ».* J'emprunte à son folio, deux phrases qui résument bien sa genèse et ses créations. *« À travers des rituels et des symboles, mon travail évoque le cycle de la vie, les deuils et les renaissances. Comme si créer était l'ultime réparation et l'éternel recommencement ».*

Attablés jusqu'à la nuit dans son jardin, nous parlons d'art et de marche, en essayant de nous trouver des ressemblances, des émotions communes à vivre nos passions, de nos parcours de vie, de notre histoire. Non sans faire participer à nos conversations Hilda, sa fille de trois ans, très éveillée et affichant déjà une belle curiosité.

Mais il faut penser à aller dormir. Demain, j'ai une étape un peu plus courte au programme. C'était mon 50e jour de marche. J'ai fait 1243 kilomètres. Il me reste dix jours à passer sur mon chemin avant de rallier Montmorillon.

Seulement 10 jours !

Jeudi 25 juillet – d'Ainay-le-Château à Orval
J51 • 24,9 km • D+ 223 m • D– 243 m • 6h09 • 26 088 pas

Je quitte Ainay-le-Château où, ce matin, je laisse Gabrielle et Hilda, avec lesquelles j'ai passé une courte halte atypique et pleine de chaleur humaine. J'ai même joué au papy en lisant deux histoires à la petite Hilda très attentive. Je suis heureux d'être un instant entré dans leur vie. Le repas tout simple préparé par Gabrielle hier soir et les croissants que je suis allé chercher ce matin à la boulangerie et que nous avons mangés ensemble avaient un goût de famille. Je dois avouer que je suis plus inspiré, plus touché par la personnalité, la sensibilité de l'artiste que par son œuvre qui me paraît un peu sombre et même torturée. Une œuvre dans laquelle je ne me retrouve pas vraiment. En tout cas, pas dans le contexte psychologique et émotionnel dans lequel je suis en ce moment précis au beau milieu de ma traversée enchantée.

Ainay-le-Château est agréable à visiter avec ses remparts du XIIe qui « protègent » l'église Saint-Étienne. En suivant une variante du GR 303 à travers champs, entre les tournesols en fleurs et les chaumes, je rejoins le GR 654 à Charenton-du-Cher. Je traverse le village voisin de Saint-Pierre-les-Étieux puis entame une longue et lente montée vers La Tour — le hameau — qui domine la région de ses 311 mètres.

Là-haut, de la route sur laquelle je chemine, j'aperçois furtivement, à travers les buissons épais, la tour Malakoff sans pouvoir m'en approcher. Ce monument a été érigé par le général-marquis de Rochechouart-Mortemart en l'honneur des troupes de Napoléon III victorieuses durant la campagne de Crimée. Depuis, d'autres monuments plus récents, moins beaux et ayant une vocation plus technologique, ont été érigés ici. En effet, les antennes de télécommunications sont légion sur cette butte d'où la vue est saisissante, notamment sur Saint-Amand-Montrond tout proche. Enfin… tout est relatif, car j'avoue que le panorama est un peu pâlot comparé à ceux des contrées que j'ai traversées dans les Vosges et le Jura et dont je suis déjà nostalgique.

Saint-Amand-Montrond, c'est la cité de l'or. Mais, comme le précise le site Internet de la ville, il est inutile de s'y promener avec pelle et pioche, on ne trouve pas d'or, ni dans les rues ni au bord du Cher ou de la Marmande. En réalité, Saint-Amand-Montrond est associée à l'or parce qu'elle est le troisième pôle français de fabrication de bijoux en or après Paris et Lyon. Cette tradition remonte au XIXe siècle.

Pour ne pas changer mes habitudes, je vais suivre longuement le canal du Berry. Élément important du patrimoine de la ville, il est bien entretenu et reste un lieu de promenade, ombragé et aménagé. Les ruines du château, qui était la plus grande forteresse de France au XVIIe siècle, sont seulement accessibles aux archéologues. Des barrières de chantier en ferment l'accès. Je n'avais pas projeté d'y faire des fouilles, ce n'est pas gênant.

Je ne dors pas à Saint-Amand-Montrond ce soir. Je traverse le Cher, car mon hébergement se situe à Orval. Je dors dans une petite cabane au fond d'un jardin. Elle est à peine assez grande pour que je puisse m'y tourner après avoir étalé au sol le contenu de mon sac, comme je le fais habituellement. C'est certainement le genre d'endroit où j'aurais adoré jouer à l'âge de dix ans.

Allez ! Courage ! Une nuit passe vite, même si elle est perturbée par quelques moustiques audacieux qui maîtrisent parfaitement l'art du camouflage sur les murs colorés de ma cabane en bois.

Demain, une grosse étape m'attend et je vais changer de cadre. C'est sûr.

Vendredi 26 juillet – d'Orval à Le Châtelet
J52 • 31,9 km • D+ 312 m • D– 244 m • 7h29 • 33 236 pas

Il se prépare une belle journée bien chaude, même si au sortir de ma cabane la rosée du matin me rafraîchit les orteils. Je ne doute pas de ma capacité à avaler les 30 bornes qui m'attendent, mais je pense que je serai bien fatigué ce soir. J'espère qu'il y aura suffisamment d'ombre sur le trajet pour le rendre plus agréable.

C'est une bonne idée d'avoir conservé le panneau indicateur Michelin en béton à l'entrée d'Orcenais. Même écorné, c'est un élément du patrimoine de cette petite commune de 220 âmes et il est idéalement placé pour prendre une belle photo avec l'église Saint-Martin (XIIIe) en arrière-plan. À l'autre bout du village, sur le GR 754, le parcours de santé aménagé dans un esprit tout à fait louable ne doit plus compter beaucoup de pratiquants sur la commune. Ses installations en sont à coup sûr à la phase « retour au calme ». D'ailleurs, les ateliers sont noyés dans la végétation alors que l'allée centrale où cheminent pèlerins et randonneurs est parfaitement entretenue, tondue rase façon gazon anglais. Pour ma part, je trouve que j'ai la pêche ce matin malgré le mercure qui ne cesse de grimper. Je tiens un rythme moyen de près de cinq kilomètres à l'heure et j'en suis satisfait.

J'observe ma pause méridienne à mi-parcours à Loye-sur-Arnon. Je discute quelques minutes avec mon premier pèlerin. Il a décidé de bivouaquer ici après avoir trouvé un espace en herbe (pas tondu) pour son cheval. Il est de Clermont-Ferrand et sa coéquipière de la Drôme. Son cheval porte leurs 60 kg de bagages et équipements. Leur but est de se rendre à Saint-Jean-Pied-de-Port à 1100 km de Vézelay. Je ne sais pas si le cheval porte le poids des peurs de son maître et de son accompagnatrice. Il est vrai que n'avoir que son téléphone à porter est un avantage pour marcher tranquille, mais pour autant je ne les envie pas du tout. La préparation du cheval chaque matin demande deux heures de travail. Il faut aimer les chevaux et se lever de bonne heure. Je n'imagine même pas toutes les contraintes matérielles auxquelles il doit faire face. Je préfère mon autonomie avec mes 16 kg sur les épaules. Chacun son truc. Il me dit qu'il a croisé une jeune femme partie d'Allemagne avec son enfant dans une poussette. J'espère que la poussette est équipée de grosses roues ! Vu l'état de certaines portions du chemin, c'est préférable.

Il fait vraiment chaud maintenant. Dans le cimetière d'Ardenais, je trouve de l'eau pour me réhydrater et remplir ma gourde. J'en profite pour prendre un peu de fraîcheur dans l'église. La plaque rouillée fixée à quatre mètres du sol sur la façade de l'église attise ma curiosité. En lettres majuscules inaltérables, coulées dans le métal, l'injonction « *La mendicité est défendue dans le département du Cher* » me laisse perplexe. « *Défendue* » : voilà un mot qui change radicalement de sens selon qu'il est transitif ou intransitif. Défendre signifie protéger, mais aussi interdire. Il y a bien longtemps qu'il ne doit plus y avoir de mendiants à la porte de cette église perdue dans ce petit hameau loin du village. Qu'y feraient-ils seuls la main tendue, sans les fidèles ? Il n'y a sans doute plus de messes dites ici depuis longtemps.

Malgré cette pause fraîcheur, je maintiens la cadence à 4,6 km/h jusqu'à l'église Notre-Dame de Puy-Ferrand, l'église abbatiale de l'ancienne abbaye de Puy-Ferrand.

Je fais quelques achats à la supérette du Châtelet en prévision de mon dîner, puisqu'aucune table d'hôte n'est possible ce soir et qu'il n'y a aucun restaurant à proximité.

Je suis hébergé au manoir d'Estiveaux où je suis accueilli par Thibaud, le jeune propriétaire de cette belle demeure bourgeoise datant de 1870, achetée par ses grands-parents en 1959 avec l'exploitation agricole de 140 hectares. Sa grand-mère avait su apporter des modifications importantes au manoir pour pouvoir accueillir des hôtes dès la fin des années 1970, après le décès prématuré de son mari.

Aujourd'hui, le petit-fils, qui est né et a grandi à Paris, a décidé de venir vivre ici et de transformer cette résidence secondaire en maison d'hôtes. Trois chambres sont aménagées et une quatrième est en projet avancé. La crise du Covid n'est pas étrangère à ce nouveau projet de vie.

Nous discutons longuement de l'histoire de cette belle demeure très bien entretenue, de la ferme attenante au château et de son parc verdoyant et fleuri. C'est dans ce parc que je sors de mon sac les denrées avec lesquelles je prépare mon pique-nique. J'ai même pensé à prendre une canette de bière. Elle n'est plus vraiment fraîche mais on ne peut pas être gagnant sur tous les tableaux.

Voilà comment je suis passé d'une cabane de jardin exiguë dans un confort très spartiate à une vie de châtelain dans une grande chambre superbement agencée, et pour à peine dix euros de plus. Je crois bien que la veille je me suis fait avoir !

Orcenais (18) – Église Saint-Martin (XIIIe)

Samedi 27 juillet – de Le Châtelet à Châteaumeillant
J53 • 17,4 km • D+ 150 m • D– 129 m • 4h22 • 17 952 pas

Je vais faire une petite étape aujourd'hui. Et je la raccourcis encore pour éviter de marcher trop longtemps sur une route passagère où les piétons sont malvenus. Quand je suis marcheur le long de ces routes, j'avoue pester rapidement contre les automobilistes qui ignorent visiblement les piétons sous prétexte qu'ils ont les deux pieds sur l'accotement. Je râle après ceux qui ne s'écartent pas et ne lèvent pas le pied. Il fut un temps, pas si lointain, où la marche était le moyen le plus courant de se déplacer. Mais le pétrole et le progrès sont venus bousculer cet ordre. L'automobile est devenue maîtresse des lieux, jusqu'à faire des piétons des reclus de la société, des marginaux. Lorsque j'étais écolier, dans les années 1960, ceux qui se rendaient à l'école à pied depuis les hameaux distants de quelques kilomètres étaient des pauvres, pas des sportifs. On parlait de misère lorsque l'on n'avait pas les moyens d'avoir une automobile pour emmener ses gosses à l'école. Aujourd'hui, on aménage aisément des espaces de déambulation réservés aux cyclistes et on veille à ce que la largeur des trottoirs soit aux normes dans les villes. Maintenant, la société commence à exclure les automobiles des zones urbaines. Les voies se rétrécissent, les ralentisseurs et les chicanes se multiplient, il faut lutter à propos contre la pollution et le réchauffement climatique. Mais dans nos campagnes, comment imaginer une vie sans voiture ? Même avec la fibre !

Il a plu brièvement ce matin. J'attends pour partir que la dernière nuée passe. Je veux profiter de ma vie de château au maximum sans toutefois arriver tard à Châteaumeillant afin d'éviter de possibles orages cet après-midi.

Je passe devant le château privé de la Vieille Forêt dont je vole une photo en pénétrant dans l'allée. Le portail est ouvert. C'est tentant. Le hameau des Archers abrite un musée de la poterie. Je me suis posé la question d'y aller… mais non… l'ambiance météo est très désagréable ce matin. C'est, je crois, la pire journée que j'aie connue depuis mon départ. Le ciel est nuageux. Il fait 23 °C avec un taux d'humidité tropical et je suis déjà en sueur. Trempé ! C'est inconfortable. Une fois de plus, je suis un peu à la peine. Je vais finir par croire que c'est une constante avec les journées « faciles » succédant aux lourdes étapes. À vouloir trop récupérer ces jours-là, je me laisse aller au point de ne plus avoir envie d'avancer. Coupable relâchement ! Les matchs trop faciles sont souvent ceux que l'on peine à gagner et que parfois on perd.

J'arrive à destination vers 15h30. Cela me laissera du temps pour récupérer et visiter rapidement cette petite ville de moins de 2000 habitants, située dans le Boischaut-Sud sur l'axe Châteauroux – Montluçon. Une cité que l'on devine comme ayant été très vivante il y a quelques décennies mais qui a perdu de son dynamisme, comme trop de petites villes rurales du centre géographique de la France. Le nombre de boutiques ayant définitivement baissé le rideau dans la rue principale en atteste.
L'église Saint-Genes est l'une des plus grandes églises romanes du Berry, sinon la plus grande. Ses dimensions sont remarquables (52 mètres de long, 28 mètres pour le transept et entre 16 et 17 mètres de hauteur sous les voûtes en berceau). Ses 131 chapiteaux sont tous sculptés. De nombreux animaux, monstres, personnages, et décors végétaux les ornent.

L'église Notre-Dame-la-Petite, aussi appelée « *le chapitre* », date du Xe au XIIe siècle. C'était la chapelle du château. À la Révolution, son clocher est abattu et la nef de l'église est transformée en halles couvertes pour les marchés au-dessus desquelles est aménagée une salle de spectacle. L'abside a servi tour à tour de prison (trois portes de cette prison et une cellule sont encore sur place), de justice de paix, de salle de mariage, enfin de mairie jusqu'en 2005, avant que celle-ci ne déménage à proximité, sur la même place. La nef de l'église est transformée en musée des métiers anciens que je vais avoir la chance de visiter bien qu'il soit fermé au public.

L'Association « *Arts au Chapitre* » propose, dans ces locaux, une exposition de peintures, sculptures, aquarelles et photos sur le thème « architecture et patrimoine ». L'exposition se termine à 19h. J'ai la chance de profiter in extremis d'une visite commentée par le président de l'association, Jean-Yves, avec lequel je passe un bien agréable moment. Je serai le dernier visiteur. Les œuvres exposées sont en majorité consacrées à des châteaux locaux. Je vois le château de Sarzay que j'ai inscrit dans mon programme des prochains jours. Mais mon regard se porte sur la toile d'une artiste qui passe sa vie entre la Bretagne et le Berry. Mais oui, bien sûr, je la reconnais cette petite maison aux volets bleus posée sur son rocher. C'est la maison de Nichtarguer construite en 1890 pour y abriter un gardien de parcs ostréicoles. On ne voit qu'elle quand on va visiter l'île de Saint-Cado sur la Rivière d'Etel. Je repense à Nicole qui m'avait fait découvrir ce site exceptionnel le 1er juillet 2022 lors de ma deuxième traversée de Brest à Montmorillon.

En passant par une porte intérieure, Jean-Yves m'offre une visite privée du musée des métiers anciens dans lequel la part belle est donnée à un gigantesque pressoir à levier. Le fonctionnement de ce pressoir repose sur une énorme poutre en chêne horizontale, maintenue d'un côté par quatre poteaux verticaux appelés « jumelles » et de l'autre côté par une énorme vis en orme. On ne peut dater exactement ce pressoir. Il a été béni au XIXe siècle mais pourrait dater du XVe siècle, comme bon nombre de ses semblables. On trouve un grand nombre de ce type de pressoir en Bourgogne. La date de 1249 inscrite sur la poutre est sans doute exagérée.

Hélas, je n'aurai pas le temps de visiter le musée archéologique Émile Chénon. Il est trop tard. Il est fermé. On me propose de revenir demain. Il sera ouvert. Mais demain, je ne serai plus à Châteaumeillant. Je vais passer dans l'Indre et rejoindre La Châtre au terme d'une belle trotte de près de trente kilomètres encore une fois.

Il paraît aussi que je vais connaître un début de semaine caniculaire. Je me prépare à avoir chaud et soif. J'aime bien ça.

Châteaumeillant (18) – Le Chapitre – Ancienne église Notre-Dame-la-Petite (Xe – XIIe)

Dimanche 28 juillet – de Châteaumeillant à La Châtre
J54 • 29,1 km • D+ 300 m • D– 320 m • 6h40 • 29 808 pas

Me voilà arrivé à ma dernière semaine. Plus que sept jours avant de remiser sac et bâtons. Je ne peux pas dire que j'exulte. Oh non ! Comme à chaque fois, je sais que je serai partagé entre la satisfaction de la réussite et la frustration provoquée par l'arrêt brutal de l'itinérance. À cet instant, le retour à une vie normale d'humain sédentaire ne me séduit pas du tout.

Depuis début juin, je me suis déconnecté. Je vis une vie parallèle dans un monde à moi. Alors oui, bien sûr. J'ai un peu suivi l'actualité. La montée de l'extrême droite (comme d'habitude !), le retour du Front populaire, la piètre prestation de l'équipe de France à l'Euro. Et j'ai même écouté l'émouvante reprise par Céline Dion de l'hymne à l'amour de Piaf. Je jette un œil aux médailles des Jeux olympiques. Ce n'est pas du désintérêt. Encore moins du boycott ou une manifestation de désapprobation. Mais je suis dans ma bulle. Aussi, je prends toutes ces informations de manière superficielle. Sans chercher à en faire une analyse et surtout sans considérer que cette actualité me touche, me concerne. Je crois que la pire des nouvelles glisserait sur moi comme l'eau sur les plumes d'un canard.

Frédéric Gros, dans son livre « *Marcher, une philosophie* » oppose l'éternité, les éternités, à l'affolante frénésie des « nouvelles » :

> *« Dès qu'on marche, les nouvelles n'ont plus d'importance. Sur de longues randonnées, s'étalant sur plusieurs jours, plusieurs semaines, on ne sait bientôt plus rien du monde et de ses soubresauts, de l'ultime rebondissement de la dernière affaire. On n'attend plus le retournement, ni de savoir comment ceci a commencé, ni d'apprendre comment cela a terminé. Connaissez-vous la dernière ? Mais dès qu'on marche, tout ceci n'a plus d'importance. D'être mis en présence de ce qui absolument dure nous détache de ces nouvelles éphémères qui ordinairement, nous rendent captifs. C'est étonnant comment, de marcher loin, longtemps, on en vient même à se demander comment on pouvait y trouver*

intérêt. La lente respiration des choses fait apparaître le halètement quotidien comme une agitation vaine, maladive.
La première éternité qu'on rencontre est celle des pierres, du mouvement des plaines, des lignes d'horizon : tout cela résiste. Et d'être confronté à cette solidité qui nous surplombe fait apparaître les menus faits, les pauvres nouvelles, comme ces poussières balayées par le vent… »

Sans en être conscient, j'adopte un comportement en rapport avec cette philosophie. J'opte pour cet art de vivre propre au nomadisme, complètement et égoïstement centré sur moi et mes journées de marche qui s'enchaînent. Ne croyez pas que tout est toujours rose. Car être en marche tous les jours exige des efforts prolongés et répétés, un peu de souffrance parfois, de l'inconfort aussi. Mais tant qu'elle n'est imposée que par l'objectif que l'on s'est fixé, ce n'est plus une corvée, c'est une liberté choisie, voulue. Bien sûr, parfois, fatigué, je voudrais bien être arrivé au bout de ma journée. J'aimerais que le temps et l'espace se contractent pour me soulager. Mais uniquement pour pouvoir renaître demain en recommençant. Et c'est de cette bulle-là qu'il va falloir que j'apprenne à sortir brutalement dimanche prochain.

Je ne dois pas quitter Châteaumeillant sans parler de son vin. L'AOC Châteaumeillant, ce sont cent hectares de vignoble. Le vignoble le plus centré de France qui s'étend sur six communes du Cher et de l'Indre. En traversant les vignes ce matin, je n'ai pas trouvé la même frénésie ouvrière que lorsque je suis passé en Bourgogne. Tout me semble bien plus calme et plus sauvage, plus naturel aussi, sur ces parcelles où tout n'est pas au carré.

Après cinq kilomètres de marche, j'entre dans le département de l'Indre.

Sur les 29 kilomètres que je parcours aujourd'hui pour rejoindre La Châtre, alternent petites routes goudronnées et chemins sinueux et vallonnés, agréables à suivre, avec des espaces ombragés et un petit vent d'est qui compense une température s'élevant bien vite. Je traverse brièvement la forêt de Sainte-Sévère, c'est parfait pour un dimanche, un jour de fête. Mais je passe loin du village de Sainte-Sévère-sur-Indre à jamais célèbre depuis le film de Jacques Tati tourné 75 ans plus tôt, en 1949.

L'arrivée, en suivant les méandres et les petites écluses de l'Indre, cette rivière sauvage qui pénètre dans La Châtre, sera des plus appréciables. Et la découverte des quartiers historiques de cette sous-préfecture, début du pays de George Sand, fait oublier la fatigue. « *C'est vers La Châtre que le Berry prend du style et de la couleur* », affirme George Sand, qui a donné à cette région le nom de « *Vallée Noire* ». Elle l'a décrit comme « *un accord et un ensemble remarquables sur une étendue de cinquante lieues carrées que du haut des chaumières de La Breuille et de Corlay on embrasse d'un seul regard. Il faut découvrir « l'immensité de cet abîme de sombre verdure relevé à l'horizon par les montagnes bleues de la Marche »* ; *pays discret, pays caché, pays mystérieux où les traditions et les légendes demeurent si présentes encore. « Il n'est guère de plus beau site en France »*, écrit-elle.

Sur ma route, je trouve le vieux pont de pierre à deux arches appelé « *Pont aux laies* », la fontaine Sainte-Radegonde, dans laquelle autrefois les mères venaient tremper les langes des bébés pour les protéger des coliques, et la tour construite vers 1424 par les Chauvigny, seigneurs de La Châtre, qui l'utilisent comme résidence de chasse. Ses quatre étages dominent la vallée de l'Indre et ses faubourgs artisanaux. À partir de 1734, elle servira de prison jusqu'à la fin du XIXe siècle avant de devenir un musée dédié à George Sand.

Ce soir, je suis accueilli chaleureusement chez Claudine, en plein centre-ville. C'est une cyclotouriste chevronnée, membre de la Fédération Française de Cyclotourisme, qui compte à son actif de longs périples en France et en Europe. Elle m'a longuement parlé de son tour de France au plus près des frontières en 60 jours. De là à trouver des ressemblances criantes avec ma traversée enchantée de 60 jours entre Wadern et Montmorillon, il n'y a qu'un pas — ou un coup de pédale — que nous franchissons allègrement pour poursuivre nos discussions en buvant une bière locale juste sortie du frigo.

La Châtre (36) – Pont aux laies (origines romaines)

Lundi 29 juillet – de La Châtre à Neuvy-Saint-Sépulchre
J55 • 23,5 km • D+ 467 m • D– 470 m • 6h20 • 24 089 pas

Pour cette 55e étape longue de 23 kilomètres, je vais avoir à gérer un après-midi caniculaire. Mais j'ai de la chance. Alors que la Vienne et le Cher sont en vigilance orange, l'Indre est en jaune ! Je ne crains pas la chaleur. Lorsque la température monte progressivement, je parviens à m'habituer assez facilement. Il faut juste écouter son corps, faire moins d'efforts, boire beaucoup, même de l'eau chaude, et savoir s'arrêter à l'ombre plus souvent et plus longtemps. Je me prépare à une mise en pratique. Claudine me donne une bouteille d'eau minérale sortie du congélateur. Elle ne veut pas que je boive l'eau du robinet. Trop de nitrates à son goût. Je n'ai pourtant bu que ça depuis mon départ.

Je m'attends à vivre une étape riche en découvertes de sites remarquables en suivant le GR 654 toute la journée. À Montgivray, avant le vieux pont romain qui enjambe l'Indre, le modernisme s'est emparé du parcours de santé. Il n'est pas fréquent de trouver dans nos contrées rurales un aménagement de ce niveau. L'espace Fit Park propose des appareils de fitness au top (cardio-training, musculation, stretching…). Le contraste est total avec ce pont que les Romains empruntaient pour transporter les amphores de vin des vignobles de Châteaumeillant à Argenton.

Le château tout proche fut construit vers 1130 par un vassal du seigneur de La Châtre, à côté de l'église Saint-Saturnin. En 1875, Solange, la fille de George Sand, achète ce château alors en très mauvais état. Une partie de l'ancien manoir a été sauvegardée. L'architecte y a rajouté d'autres corps de bâtiments et des tours à meurtrières et à mâchicoulis qui ne sont pas vraiment une heureuse reconstitution. En 1898, Solange vend en viager le château et le domaine. Elle mourra un an plus tard. Il est aujourd'hui propriété de la ville de Montgivray qui y a installé la mairie.

Sarzay (36) – Le château (XIVe)

Je vais apprécier la fraîcheur des sentiers des rives de l'Indre sur quelques kilomètres, en parcourant, j'en suis certain, le même chemin que Sylvain Tesson lorsqu'il a réalisé sa traversée de la France relatée dans son livre « *Sur les chemins noirs* ».

> « *À Ardentes, l'Indre coulait lentement, puissante, tachetée de feuilles d'or. L'automne commençait à couvrir les rivières de motifs léopards. La contemplation du courant me traversait de souvenirs paisibles. Les rivières ont-elles la nostalgie de leur source ?* »

La fontaine du hameau, presque disparu, de Vieilleville, est remarquable elle aussi, par la construction de son arche au fond de laquelle une petite statue de la Vierge est protégée par des grilles. Il est beau le débit de l'eau. De cette eau limpide qui donne envie de faire trempette.

Au sortir de la Vallée Noire, la bien nommée, la fournaise commence. L'ombre devient rare. Je profite de la proposition d'une vieille dame pour remplir ma gourde à son robinet. C'est rassurant d'avoir une gourde remplie. Ce n'est pourtant pas la vallée de la mort que je traverse !

À 12h30, le thermomètre affiche 30 °C à l'ombre. Au moins dix de plus au soleil ! Je suis arrivé à Sarzay et je m'accorde une longue pause à l'ombre avant de me rendre au château. J'avais inscrit dans mon agenda depuis fort longtemps une visite de ce site. Il faut dire que ce château et ses propriétaires, Richard et Françoise Hurbain, ont fait souvent parler d'eux dans la presse et sur les chaînes de télévision depuis que l'agent EDF du 93 a décidé d'acheter le château pour le reconstruire, au début des années 1980.

Le seigneur du château, vers qui je me dirige en lui signifiant mon admiration au point d'avoir fait 1350 kilomètres à pied pour venir à sa rencontre, me tend la main et adopte un tutoiement immédiat. Je connais bien son histoire. J'ai déjà regardé plusieurs reportages disponibles en ligne lorsque je préparais mon chemin. Mais j'ai plaisir à le laisser me la conter une nouvelle fois, assis côte à côte à l'ombre d'un tilleul, en attendant ses premiers visiteurs de l'après-midi qui bientôt affluent. Cette histoire remplie d'anecdotes et de péripéties administratives et judiciaires que Richard Hurbain va me raconter vaut largement la visite que je vais ensuite suivre librement.

Construit au XIVe siècle, le château de Sarzay fut une imposante forteresse comprenant 38 tours et 3 ponts-levis, qui contint l'invasion anglaise. Sorti intact de la guerre de Cent Ans, des guerres de religion, de la Fronde, de la Révolution, il est aujourd'hui l'un des monuments les plus photographiés du Berry. George Sand y situe son roman *« Le meunier d'Angibault »*.

> *« Ce château n'a jamais été d'une grande défense : les murs n'ont pas plus de cinq à six pieds d'épaisseur en bas, les tours élancées sont encorbellées. Il date de la fin des guerres de la féodalité. Cependant, la petitesse des portes, la rareté des fenêtres et les nombreux débris de murailles et de tourelles qui lui servaient d'enceinte, signalent un temps de méfiance où l'on se mettait encore à l'abri d'un coup de main. C'est un castel assez élégant, un carré long renfermant à tous les étages une seule grande pièce, avec quatre tours contenant de plus petites chambres aux angles, et une autre tour sur la face de derrière servant de cage à l'unique escalier. La chapelle est isolée par la destruction des anciens communs ; les fossés sont comblés en partie, les tourelles d'enceinte sont tronquées à la moitié, et l'étang qui baignait jadis le château du côté du nord est devenu une jolie prairie oblongue, avec une petite source au milieu. »*

De nombreuses salles meublées ont conservé leur authenticité. Le sommet des tours, où se situe une imposante charpente, permet d'ouvrir l'horizon sur la campagne environnante. Des douves profondes, la chapelle et la halle complètent la visite que j'aurais bien aimé faire durer pour profiter de la climatisation naturelle du château apportée par ses murs d'un mètre et demi d'épaisseur.

Je suis à mi-parcours et je sais que les cinq prochains kilomètres vont être les plus durs à supporter. Je bois jusqu'à plus soif un litre d'eau fraîche tirée du robinet au château et je remplis la bouteille qui me sert de gourde. Il fait 34 °C à l'ombre. Sans doute 45 °C au soleil, et peut-être plus encore sur le bitume qui sue un goudron collant aux semelles. Je m'arrête à l'ombre à plusieurs reprises, avant que la tête ne me tourne ou que mes jambes défaillent. Il y a un peu d'air au sommet des collines. Le moindre souffle donne une illusion de fraîcheur.

La dernière ligne droite de plus d'un kilomètre sur cette route brûlante qui me mène à Neuvy-Saint-Sépulchre est-elle l'antichambre de l'enfer ? Je ne suis pas loin de le croire. Heureusement, dégoulinant de sueur, en poussant la lourde porte de la basilique Saint-Étienne, datant du XIIe siècle, inscrite au patrimoine mondial de l'UNESCO depuis 1998, je trouve un précieux réconfort physique et moral. La fraîcheur et le calme, le silence et la résonance, la beauté du lieu et la plénitude qui s'en dégage apaisent le corps et l'esprit. Je saurais mieux me ressourcer de cette nourriture spirituelle que trouver un établissement ouvert pour dîner ce soir. Tout est fermé. C'est lundi. C'est ainsi. Heureusement, la boulangère, charmante au demeurant, me cède contre un effleurement de ma carte sans contact sur son terminal de paiement, une petite pizza, une part de flan et un coca-cola qui, pour une fois, remplacera, même mal, ma bière du soir.

Dans la maison d'hôtes, nous nous retrouvons, quelques locataires d'un soir, enfermés au frais (enfin presque) pour parler et refaire le monde à notre façon. De nos vies, de nos voyages, de notre pays. Il y a là un couple d'Auxerre venu visiter le pays de George Sand, et Élisabeth et Benoît, des Chtis en route pour la région toulousaine où ils vont passer leurs vacances. Ces agréables rencontres enrichissent mon voyage en solitaire et lui donnent une dimension humaine pleine de partage.

J'ai de la chance. Comme j'ai réservé en février, sans doute en premier, j'ai la chambre numéro 1, celle du rez-de-chaussée. C'est la plus fraîche. Mais tout est relatif !

Gargilesse-Dampierre (36) – Crypte de l'église Notre-Dame – Fresques du XIIIe siècle

Mardi 30 juillet – de Neuvy-Saint-Sépulchre à Gargilesse-Dampierre
J56 • 27,8 km • D+ 385 m • D– 417 m • 6h31 • 28 616 pas

Il y a des journées où les conditions de marche l'emportent sur les sites visités. Ces conditions extrêmes vous poussent à vous enfermer dans votre coquille pour vous protéger, au détriment de la beauté du chemin. Il fait déjà 27 °C lorsque je quitte Neuvy-Saint-Sépulchre et mes voisins de chambre d'un soir, Élisabeth et Benoît, avec lesquels j'ai encore une fois beaucoup trop parlé ce matin pour espérer pouvoir partir de bonne heure. Ils vont visiter Sainte-Sévère dans leur automobile climatisée. Et moi je rejoins vite le GR 654 qui va me conduire à Gargilesse. Il est presque 9h30. Une heure à laquelle tout bon pèlerin respectueux des us et coutumes en la matière se serait déjà affranchi de la moitié de son étape.

Malgré la chaleur, je file bon train ce matin. Je parcours 5,3 km en une heure. Quel dommage que mon voyage s'arrête si tôt alors que je suis en si grande forme physique, pensé-je ! J'ai déjà évacué au moins deux litres d'eau et il me faut compenser ça en buvant. Le matin, c'est facile à gérer. J'ai avalé un litre à titre de précaution avant de partir. Et je complète « le niveau » de temps en temps. Lorsque j'arrive à Cluis-Dessous au bout de 8,5 km, après avoir jeté un coup d'œil furtif au château-fort en ruines et à l'église Notre-Dame-de-la-Trinité, je fais une pause fraîcheur à l'ombre épaisse de marronniers. J'échange quelques mots avec un couple de jeunes cyclotouristes. Ils sont partis de Moulins et vont jusqu'à Douarnenez à raison de 80 kilomètres par jour. À ce rythme, ils n'ont guère de temps à consacrer aux visites et regrettent de ne pas s'être arrêtés à Sarzay que je leur ai vanté.

Quelques centaines de mètres plus loin, je traverse Cluis. Je m'arrête devant le manoir de Cluis-Dessus (XVe et XVIIe) aujourd'hui occupé par la mairie, je passe prendre un peu de fraîcheur sous Les Halles (XVIIe), sur la place du Champ de Foire, et je remarque ces curiosités locales qui font toutes référence à ce mollusque gastéropode terrestre, à coquille arrondie en spirale, qu'on appelle un escargot. Nous ne sommes pas en Bourgogne, mais à Cluis. Et à Cluis, chaque premier mai, est organisée la fête du luma.

En quittant Cluis, le passage sur le viaduc de l'Auzon est spectaculaire. Construit de 1897 à 1901, avec ses 499 mètres de long et 42,70 mètres de haut, et ses 20 arches de 20 mètres d'ouverture, ce viaduc est l'un des plus grands viaducs ferroviaires en maçonnerie de France. La ligne a cessé d'être exploitée en 1952. Le train a laissé le terrain libre aux piétons et cyclistes.

Une fois ces divertissements passés. Il me faut enchaîner les kilomètres dans la fournaise. Le soleil, voilé par les nuages, est moins brûlant mais l'air est étouffant et la température ne cesse de grimper. Ma montre m'indique bientôt 35 °C à l'ombre ! Sur le bitume, c'est pire. La plante des pieds n'apprécie pas ce régime-là. J'emprunte les accotements lorsqu'ils sont praticables. Je n'ai bientôt plus d'eau consommable. Dans un hameau de trois maisons, une porte est ouverte. Une coquille, accrochée au mur, m'indique que les pèlerins sont les bienvenus. Usurpant un statut que je n'ai pas, mais n'étant pas moins méritant, je m'approche et demande « *in english* » un peu d'eau qu'on s'empresse de me servir en m'invitant à entrer, à m'asseoir et à manger. L'eau me suffira. « *Thank's* ». J'en engloutis un litre et remplis ma bouteille pour la fin du parcours. Il me reste une dizaine de kilomètres à suer. Je souffre un peu mais j'en connais qui sont obligés de travailler dehors dans ces mêmes conditions. Alors, il n'y a pas lieu que l'on me plaigne.

Pour rejoindre Gargilesse, la route que je me suis tracée quitte le GR 654. Je choisis de ne pas passer à Dampierre, mais plutôt de suivre la vallée de La Gargilesse — la rivière — en passant en sous-bois par un sentier local balisé. Les deux derniers kilomètres sont agréables et bien vallonnés. Ça grimpe et ça descend sur les deux versants de la rivière.

La seule ombre au tableau, ce sont ces petites mouches qui visiblement, n'ont qu'une envie : celle de me rentrer dans les narines, les oreilles et les yeux, m'obligeant à battre l'air de mes mains en tenant mes bâtons devant mon nez. Je suis profondément respectueux de la biodiversité au point de faire attention de ne pas écraser des insectes ou des fourmis sous mes pieds, mais ma patience ayant des limites, les petites mouches perverses, les plus grosses qui cherchent à piquer tout comme les taons, ne font pas partie des bestioles que je supporte. Au passage, je plains aussi les chevaux et les vaches qui se collent les uns aux autres pour se protéger mutuellement !

En arrivant à Gargilesse par le GR 654, retrouvé pour les dernières centaines de mètres, je me dirige vers l'église Saint-Laurent-et-Notre-Dame dont la crypte révèle des fresques remarquables du XIIIe.

Une pinte et un demi — régime spécial canicule — et une planche charcuterie et fromage me font ma soirée que je passe sur la terrasse du « *Ô Gargilesse* ». Je n'ai trouvé que ce bistrot pour manger. Il y a beaucoup de touristes dans ce petit village réputé où George Sand possédait une chaumière. Elle y viendra souvent à partir de 1857 avec son dernier et jeune amour, Alexandre Manceau, pour y écrire, se ressourcer et se distraire.

« Il faut arriver là au soleil couchant, chaque chose à son heure pour être belle. »

C'est au soleil couchant, alors que la lumière ocre et rouge repeint les toits et les murs du village blotti dans son écrin de verdure, en croquant une glace, que je regagne ma chambre d'hôte sur la place du château. En ces lieux, George Sand et Chopin ont attiré des écrivains, musiciens et peintres les plus talentueux de l'époque, parmi lesquels Victor Hugo, Flaubert, Alexandre Dumas fils, Liszt, Eugène Delacroix, Théodore Rousseau et Corot. Imaginer que cette terre sur laquelle je pose mes pas ce soir a pu être foulée un siècle et demi plus tôt par ceux-là est un exercice qui invite à la rêverie en toute humilité. On a le droit de faire abstraction du temps lorsqu'on est en marche.

Gargilesse-Dampierre (36) – Le village

Mercredi 31 juillet – de Gargilesse-Dampierre à Sacierges-Saint-Martin
J57 • 22,5 km • D+ 331 m • D– 324 m • 6h01 • 23 480 pas

Je vais finir par m'habituer à cette chaleur. Je suis d'ailleurs plus à mon aise lorsque les mêmes conditions météorologiques durent plusieurs jours. Je n'aime pas les brusques changements de température et, en ce moment, je suis plutôt bien servi.

En laissant Gargilesse, ses artistes et la maison de George Sand devant laquelle je m'arrête quelques instants, j'entre dans la conclusion de ma traversée enchantée. J'aime bien me réveiller tôt dans ces villages très touristiques. Au petit matin, il n'y a personne dans les rues. Selon les habitants des lieux, même en pleine journée, il n'y a personne non plus. En tout cas, en comparaison avec une année « normale ». Morosité quand tu nous tiens !

Je traverse la Creuse sur le Pont Noir. Il porte bien son nom, cet ouvrage ! Il porte aussi le deuil de mon aventure. La Creuse à cet endroit est un dépaysement complet. C'est une rivière de montagne, presque un gros torrent. Il n'y a certes pas beaucoup d'eau, car les barrages en amont régulent son cours mais il y a suffisamment de courant entre les sombres rochers affleurants pour nous laisser croire que nous sommes ailleurs que dans l'Indre. Sous un ciel chargé de nuages orageux, l'eau elle-même vire au noir ce matin. C'est un signe qui ne trompe pas.

Je suis encore dans la région naturelle du Boischaut-Sud. Mais, le temps d'une descente, d'un franchissement sur un pont, puis d'une remontée, la vallée de la Creuse m'emporte ailleurs, me faisant ressentir la nostalgie des grands espaces sauvages. Les Vosges et le Jura me manquent déjà.

Après avoir gravi cette petite côte de 120 mètres qui me ramène les pieds dans la réalité, quelques kilomètres après mon départ je m'arrête sous un chêne pour « fêter » mon 1400e kilomètre.

Il me faut encore parcourir quelques kilomètres, passer au-dessus de l'autoroute A20, puis de la ligne ferroviaire historique Paris-Limoges-Toulouse, pour que je me sente déjà au pays. Les panneaux indicateurs ne portent plus que des noms connus ou presque. J'ai bien vu deux lieux-dits s'appeler Chambord aujourd'hui mais il n'y avait pas de château.

À propos de château, j'aurais bien aimé avoir une autre vue du château du Chazelet qui me semble être en rénovation. Sinon, avant cela, je traverse les villages fleuris de Bazaiges, avec sa pyramide de fleurs, de Vigoux, avec sa charrette de fleurs. Je croise — enfin ! — un troupeau de vaches limousines agglutinées sous un arbre isolé en prévision du retour du soleil, un aigle en bois et une couleuvre en vrai, devant moi dans l'herbe verte, sur mon chemin.

Aujourd'hui encore il fait chaud, vraiment très chaud (34 °C). J'ai chaud et soif. Mais je suis assez content d'avoir trouvé des chemins noirs ombragés qui, par chance, ont été fauchés avant mon passage. Signe, sans aucun doute, qu'une randonnée pédestre locale a été organisée ici récemment. Ce soir, je dors dans un gîte d'étape géré par la commune de Sacierges-Saint-Martin où je suis arrivé à 17 heures après 23 kilomètres de marche et plus en forme que les deux jours précédents. C'est certain, je m'habitue à cette chaleur.

Je suis seul dans ce grand gîte très bien équipé et j'ai la chance d'avoir un petit restaurant sympathique à deux pas de ma porte. J'ai connu bien pire dans des lieux plus huppés. Au rang des anecdotes du jour, je vais ajouter cette éclipse dînatoire entre le fromage et le dessert pour aller ramasser, avant l'orage, mon linge étendu sur le fil. Et, vers 3 heures du matin, une deuxième éclipse dans mon sommeil, devenu impossible, pour aller couper, sur le tableau électrique, la maudite VMC particulièrement bruyante de ma chambre !

Jeudi 1er août – de Sacierges-Saint-Martin à Lignac
J58 • 17,9 km • D+ 281 m • D– 249 m • 4h49 • 18 537 pas

Les orages ont chassé la canicule. Ce matin on a perdu quelques degrés et gagné des nuages et du vent.

Elle habite un petit hameau qui se trouve sur le GR de Pays de la Brenne et c'est exactement par ici que mon tracé me fait passer ce matin. Je rends visite à Coralie afin qu'elle me présente Pierre-Jean, son fils âgé de deux mois et quelques jours. Coralie joue au football dans l'équipe féminine de Montmorillon. Enfin, c'était avant de donner naissance à son deuxième garçon. Un petit café et quelques discussions sympathiques plus tard, me voici sur les chemins de ce GR de Pays qui fait la part belle à la nature en évitant les routes goudronnées.

Depuis hier, je marche dans le Parc Naturel Régional de la Brenne, que l'on connaît surtout pour ses nombreux étangs. Aux confins du Berry, la Brenne était une zone marécageuse infertile. Ne sachant qu'y faire pousser, au XIIe siècle les moines eurent l'idée d'y emprisonner les eaux et de créer de longs chapelets d'étangs. Le parc naturel régional de la Brenne fut créé en 1989, à la suite d'une forte mobilisation des élus et acteurs locaux voulant réagir contre la dévitalisation de leur territoire. Je traverse à deux reprises la vallée de l'Abloux, puis l'Anglin au moulin de Dunet. Avec toutes ces vallées, mon étape du jour de 18 kilomètres va avoisiner les 300 mètres de dénivelé. Ce n'est pas pour me déplaire.

Je quitte le GRP le temps de traverser le petit bourg de Dunet où je m'accorde une longue pause. La route n'est pas longue et il ne faut pas que j'arrive trop tôt chez mes hôtes.

Je ne peux passer outre un épisode que tout marcheur a inévitablement connu un jour. Au hameau des Bordes, je vois un chien, puis deux, sur la petite route publique qu'emprunte le GRP. Ils ne paraissent pas agressifs, ce qui justifie qu'ils puissent vaquer en toute liberté près de la cour de ferme ouverte sur la route. Je m'approche sans crainte, sans toutefois les quitter des yeux. Lorsque j'arrive à la hauteur des bâtiments, ils sont bientôt quatre, cinq, puis dix à sortir de nulle part pour venir m'entourer. Ce sont des chiens de toutes tailles et de races différentes que je ne m'amuse pas à identifier. Ils n'aboient pas et ne retroussent pas les babines, mais ils viennent allègrement à ma rencontre sans qu'aucun maître n'intervienne. Je marche sans m'arrêter, les poings serrés sur mes bâtons de marche auxquels je m'apprête à donner une mission défensive en cas de besoin. Mes bâtons me rassurent.

J'appelle à tout hasard un humain responsable en me demandant dans quelle ménagerie je suis tombé. L'idée me vient d'être dans un lieu peu recommandable. Je n'ai pas arrêté de marcher, mais lorsque je passe de l'autre côté de la ferme, toujours au beau milieu de cette route, je ne peux m'empêcher de me retourner et d'avancer à reculons afin de faire face au potentiel danger. J'appelle à nouveau sans résultat. Je commence à réellement m'inquiéter lorsque quelques chiens plus entreprenants me contournent et s'approchent par-derrière. Ils sont désormais une bonne douzaine autour de moi. Certains semblent totalement désintéressés mais quelques-uns parmi les plus gros font preuve de hardiesse et de curiosité. Bien qu'ils ne semblent pas vouloir m'attaquer, qu'ils m'encerclent m'angoisse. D'autant plus que, de l'autre côté du buisson, dans un chenil clôturé, une meute entière donne de la voix. Il me traverse alors l'esprit que si l'un de ces chiens venait à m'agresser, les autres se jetteraient sur moi comme des loups affamés. Il y a souvent un fou dangereux dans une bande, chez les chiens comme chez les humains, me dis-je. Je me vois déjà au cœur de la curée, dévoré et déchiqueté comme une panse de cervidé par ces féroces bêtes carnassières.

C'est alors qu'une voix féminine crie après les chiens. Sans même m'adresser un mot, elle rappelle ses cabots. L'incident est clos… Je continue mon chemin d'un pas allongé non sans regarder souvent derrière moi jusqu'au premier virage franchi.

Pareille aventure ne m'était jamais arrivée jusqu'à ce jour.

« Je n'ai d'insurmontable répugnance à l'égard de la plupart des chiens que depuis que je marche beaucoup à pied », écrit Peter Handke dans son essai « *La leçon de la Sainte-Victoire* » (Gallimard).

Ce soir, je suis adorablement hébergé près de Lignac chez Ophélie et Gabriel, qui tous les deux, jouent aussi au football à Montmorillon. À vrai dire, si hier c'était par pur hasard que je me suis retrouvé à Sacierges-Saint-Martin tout près de Coralie, il n'en est pas de même aujourd'hui pour Ophélie, que j'avais osé solliciter depuis fort longtemps.

« Mon auberge était la Grande Ourse », disait Rimbaud adolescent.

En ce beau soir d'été, nous dînons ensemble sous les étoiles. Nous sommes sept à table à profiter du barbecue que Gabriel prépare. Il y a de la bonne humeur, des rires et des histoires à se raconter. Les histoires simples de nos vies ordinaires parfois ponctuées de choses extraordinaires.

Brigueil-le-Chantre (86) – Église Saint-Hilaire (XIIe)

Vendredi 2 août – de Lignac à Brigueil-le-Chantre
J59 • 17,9 km • D+ 226 m • D– 196 m • 4h44 • 19 720 pas

Il ne me reste que deux étapes, deux journées à marcher. Dans deux jours, après deux ans de préparation et deux mois de marche j'aurai fait à pied deux fois la longueur du trajet de Wadern à Montmorillon par la route. Un aller-retour complet ! À l'aller, je l'avais trouvée bien longue, la route en voiture. Que Jean, mon chauffeur, ne s'en offusque pas, il n'y est pour rien !

Au retour, je peux l'avouer sans vantardise, je l'ai trouvée trop courte, cette traversée enchantée de deux millions de pas. Des pas plus ou moins longs, plus ou moins cadencés, plus ou moins assurés. Sur toutes les surfaces possibles : le bitume, le béton, le bois, la terre, le sable, les cailloux et les galets de grès ou de granit, sur l'herbe verte, parfois bien haute, parfois mouillée, parfois grillée, dans la boue et même dans l'eau ! Être deux millions de fois, dans cet éternel déséquilibre que l'on doit rattraper lorsque chaque pied, l'un après l'autre, quitte le sol en laissant l'autre pied assurer seul la stabilité nécessaire à la station verticale.

Pour ces derniers kilomètres, mon périple change de configuration. C'en est fini des découvertes de nouvelles contrées en solitaire. Place désormais, au cheminement en famille ou entre amis. Il est de coutume — pour autant qu'on puisse parler de coutume après seulement trois expériences — que mes dernières étapes soient partagées. Ma fille Elsa et mon épouse Béatrice me rejoignent à Lignac. Elles vont faire avec moi les 18 kilomètres qui nous séparent de notre prochaine halte à Brigueil-le-Chantre, ou plus exactement à Lajonc, chez mon frère Nicolas.

Une pause plus longue qu'habituellement est faite aux Hérolles, aux confins du Poitou, du Berry et du Limousin. Ce village est connu loin à la ronde pour sa foire mensuelle, une institution depuis 1484. Chaque 29 du mois, la foire des Hérolles s'étale sur 11 hectares et attire près de 300 exposants et 10 000 personnes. Tous ne font pas affaire. En période estivale, il y a plus de touristes curieux de découvrir le phénomène, que d'acheteurs ! Mais, « *l'occasion faisant le larron* » et les « *larrons en foire ayant pour habitude de bien s'entendre* », selon des adages bien connus, cette assemblée traditionnelle vaut le détour, qu'on y vienne pour voir, pour vendre ou pour acheter.

À notre arrivée, venant du hameau des Petites Hérolles tout proche, il n'y a rien ici permettant d'imaginer l'effervescence qui y régnait quatre jours plus tôt. Tout est calme et désert. La large et unique rue et les grandes places sont désertes. Le village semble déjà se préparer pour la prochaine vague du 29 août.

Nous y retrouvons Françoise, une amie d'enfance. Elle nous accueille parmi les cartons apportés de Bourges qu'elle a quittée en début de semaine pour s'installer définitivement dans sa maison d'enfance, l'ancienne boucherie-charcuterie que tenaient ses parents. Voilà des années qu'elle la retape petit à petit pour apporter un peu de confort à ses meilleurs souvenirs. Françoise nous a préparé une collation apéritive à laquelle il convient de faire honneur avant de reprendre la route en direction du château du Pin (XIIIe), de la petite chapelle dont la clé était autrefois gardée par la mère de Françoise, et de la fontaine miraculeuse. Le voyage à la chapelle et à la fontaine du Pin est destiné à faire disparaître les peurs nocturnes et les convulsions des enfants. Je ne sais si j'étais plus peureux que d'autres, mais j'ai le souvenir que ma mère m'a emmené un jour ici lorsque j'avais 5 ou 6 ans. Elle y avait trempé un maillot de corps que j'ai dû porter une semaine. Françoise précise qu'idéalement, il aurait fallu que je reste une nuit entière seul dans la chapelle !

Nous terminons à trois le chemin qui nous fait traverser Coulonges, puis nous descendons pour franchir la Benaize sur une passerelle récemment rénovée. Nicolas et Sylvie nous attendent à Lajonc chez eux, dans la maison où ont vécu jadis nos grands-parents. Me voilà revenu au pays, revenu à mes origines, à mes jeunes années. Je peine à prendre conscience que je viens de parcourir 1456 kilomètres en 59 jours. Mais je me remémore des bribes de mon enfance ici. L'espace et le temps se contractent et se dilatent pendant ces grands voyages où la marche sans cesse renouvelée nous débarrasse de tout le superflu. Marcher devient aussi une expérience métaphysique. Chaque lieu traversé porte une histoire. Chaque village, chaque route est le vestige de vies passées. La marche, par la disponibilité et le dépouillement, amène à s'inscrire tour à tour dans une temporalité naturelle, humaine ou spirituelle. Elle permet de s'affranchir d'un temps qu'on ne mesure plus avec une horloge. Quand on contemple un paysage, qu'on chemine au fond de gorges entre deux falaises abruptes, qu'on foule le sol jonché de galets usés par un fleuve qui n'existe plus depuis des millions d'années, le temps prend une dimension géologique. Cette dimension nous rend minuscules face à l'immensité dans laquelle nous nous inscrivons pourtant complètement. Mais plus loin, il suffira de peu de choses ajoutées au cadre, pour nous replacer dans une dimension humaine. Une vieille croix en pierre au bord du chemin, des ruines abandonnées au sommet d'une montagne, des trous laissés par le pilonnage d'une armée ennemie sur nos collines, et nous voilà passant d'un siècle à l'autre, avec une aisance déconcertante parce que nous sommes affranchis du temps présent et de ses contraintes journalières répétitives.

En revenant à Lajonc, de l'autre bout de la France, je ne reviens pas chez moi. Je ne suis pas chez moi, je suis chez mon frère. Mais je reviens dans mon enfance et mon enfance est chez moi.

Nicolas a invité Sophie et Patrick, le maire de Brigueil-le-Chantre et notre ami, à dîner ce soir. Il apporte le champagne pour fêter mon retour. Nous ne parlons pas de ces choses philosophiques autour de la table. Nous dégustons l'instant présent. Il est fait de simplicité, d'authenticité et de sincérité.

Montmorillon (86) – La Gartempe – Le Vieux Pont (XVe) et le Vieux Palais (XVe)

Samedi 3 août – de Brigueil-le-Chantre à Montmorillon
J60 • 31,1 km • D+ 249 m • D– 344 m • 8h14 • 33 206 pas

C'est la der ! Mais que d'émotions encore aujourd'hui en reliant la commune de mon enfance, où je suis né en 1958, Brigueil-Le-Chantre, à celle où je vis depuis 1980, Montmorillon. Cette étape finale de 31 kilomètres, aujourd'hui, c'est la première fois que je la fais à pied. C'est, en une journée de marche, symboliquement, un résumé, un condensé, un concentré de ma vie tout entière. Je n'ai jamais eu d'autres domiciles que ceux situés à Brigueil, ma terre, mes racines, la maison de mes parents, de mon frère et de mes sœurs, et à Montmorillon, ma ville, mes amis, ma maison, celle de la famille que j'ai fondée avec Béatrice, la maturité acquise au fil des ans jusqu'à l'âge d'une certaine sagesse et d'une inévitable part de nostalgie.

Depuis combien de temps n'ai-je pas dormi dans la maison de mes grands-parents ? Sans doute entre 50 et 60 ans. Impossible de m'en souvenir. Je quitte ces quatre murs et ce toit qui se sont bien embellis en devenant la maison de mon frère Nicolas. Il m'accompagne quelques centaines de mètres dans le petit matin frais. Il flotte dans l'air comme un avant-goût d'automne. La canicule des jours précédents a accéléré la chute de quelques feuilles qui n'ont pas supporté les fortes chaleurs. L'odeur unique de celles des robiniers est à jamais associée dans ma mémoire à la première rentrée des classes à l'école publique à Brigueil. Je n'étais pas si petit, car ma scolarité avait commencé quelques années plus tôt à l'école privée, chez les sœurs. Il y avait des acacias dans la cour de l'école publique devenue aujourd'hui la bibliothèque municipale. Chaque année, ce parfum me ramène à ces années d'insouciance.

Je marche seul à un bon train par ce chemin de Rimord aux Vaux, que je connais si bien, et qui traverse l'Asse sur une planche, c'est ainsi qu'on nomme les passerelles ici. L'Asse, cette petite rivière, presque un ruisseau en ces premiers jours d'août mais qui peut devenir furie parfois, dessine un « S » couché presque trop parfait où Brigueil et Les Vaux se blottissent au creux de ses deux boucles. Il faut que je sois à dix heures devant la mairie. Patrick m'y attend avec la clé de la porte verte de l'église Saint-Hilaire, le joyau du patrimoine de la commune, dont une rénovation récente a permis de révéler de superbes peintures murales. C'est aussi dans cet édifice que j'ai été baptisé, où j'ai fait ma communion et là aussi où j'ai accompagné mes parents l'un après l'autre vers l'éternité.

Sur la place, Valentin et son fils Mathéo m'attendent. Ils ont laissé tomber le travail à la ferme et enfourché leur vélo pour venir me saluer et m'accompagner quelques hectomètres. M'y attend également Jean-Claude qui va faire à pied avec moi les 25 kilomètres restants jusqu'à Montmorillon.

La dernière journée n'est plus celle de l'émerveillement, des pensées intimes et de la réflexion sur soi et sa vie. C'est une étape de partage, d'échanges, d'amitié. Marcher de concert, c'est comme passer une partie de sa vie ensemble, c'est se synchroniser dans l'effort pour vivre une même unité de temps et de lieu. Quand cette expérience est unique, elle prend une valeur symbolique toute particulière. On n'oublie jamais ses compagnons d'un jour d'une marche d'exception. Aujourd'hui, j'en suis à ma 163e marche d'exception, en comptant Menton en 2018, Brest en 2022 et Wadern. Je n'ai oublié aucun de mes compagnons ni les chemins empruntés ensemble. Aucune de ces journées n'est sortie de ma mémoire.

Jean-Claude et moi suivons les chemins de traverse que j'avais choisis pour passer entre Bourg-Archambault et Saint-Léomer. Il nous faut accepter que certains soient moins beaux, moins praticables que d'autres. Mais je n'aurais jamais imaginé que les taons de la Vienne seraient les plus nombreux et les plus voraces. Dois-je remercier dame nature de mettre sur notre chemin ses meilleurs arguments pour m'aider à ne pas regretter d'arrêter ce soir ? Car je confirme bien volontiers que les mouches, les moucherons, les moustiques et les taons ne me manqueront pas demain matin et les jours suivants.

À défaut de banc ou de tronc d'arbre, pour manger notre sandwich, nous allons nous asseoir, sans les profaner et encore moins les souiller, sur les vestiges gallo-romains de Mazamas. Ces vestiges constituent un sanctuaire comprenant un temple de tradition celtique (vers 50 av. J.-C.) auquel succède un temple gallo-romain (vers 40-50 apr. J.-C.). Le site est classé monument historique depuis 1973. C'est un des principaux sites gallo-romains du département de la Vienne. Nous regretterons la présence d'une végétation un peu trop dense au sein du site. Mais c'est mieux pour la biodiversité et les papillons.

    Peu après, rejouant Le Cid en ces lieux antiques, nous partîmes à deux, mais, par un prompt renfort, nous nous vîmes dix en arrivant aux Portes. Isabelle, Marie-Paule, Marie-Pierre, Nadine, Michel et Jean (85 ans, s'il vous plaît) nous ont rejoints à douze kilomètres de l'arrivée. Nathalie et Alain, comme en 2022, se joignent à nous pour le finish. Nous prenons le temps de faire une courte pause pour la photo devant la lanterne aux morts de Moussac, afin de respecter scrupuleusement les horaires prévisionnels.
    Et nous arrivons ainsi au square de Wadern à 18 heures, non sans avoir été encouragés par quelques drapeaux, des applaudissements et une cloche à la flamme rouge, au dernier kilomètre, rue de Néchaud.
    1487 kilomètres ! Ça y est ! J'ai bouclé ma traversée enchantée exactement comme je l'avais prévue. Presque trop aisément. Comment pourrais-je dire que c'était difficile puisque je l'ai fait aussi facilement ?
    Je n'ai pas le droit de dire que c'est un exploit. Ce n'en est pas un. Même si tout n'était pas gagné d'avance et que j'ai un peu douté avant de commencer, j'éprouve de la satisfaction. Celle d'avoir surtout fait faire à mon corps ce que ma tête voulait. Il faut, paraît-il, plus de mental que de capacités physiques pour se lancer dans ce genre de long voyage en solitaire où l'on ne se bat que contre soi-même. Être finisseur, c'est être vainqueur, premier et dernier, peu importe. On est seul à gérer, à maîtriser ses efforts dans le temps et l'espace. Seul à vivre en plénitude le matin, en compétition parfois l'après-midi, pour

finir chaque journée avec, en récompense, la joie de mettre une coche sur l'étape. Puis de renaître le lendemain matin pour recommencer.

Je vois s'avancer vers le cortège qui descend la rue Sadi Carnot, Ursula et son accordéon. Elle était à Wadern le 5 juin, pour les premières enjambées. Elle arrive à mon niveau en jouant les mêmes notes, puis en se jetant à mon cou avec une émotion à peine contenue. Ils sont là, nos amis d'Allemagne.

Ils ont fait le voyage jusqu'à Montmorillon pour venir m'accueillir ici. Il y a donc Ursula et son accordéon, Rolf, qui m'a accompagné jusqu'à Lebach, veillé à ce que je sois bien logé au soir de ma première étape et qui m'a suivi tout au long de mon périple, Carolina, Ulla, Monica, Manfred, et Christoph, le maire de Wadern et chef de file de la délégation, et Ulrike. Ils sont huit pour nous prouver, s'il en était besoin, l'amitié forte et sincère qui nous lie.

Les amis du comité de jumelage de Montmorillon, ces chevilles ouvrières de mon projet à qui je dois un sacré soutien matériel et humain, sont présents, bien sûr. Quelle chance j'ai eu de pouvoir les associer à cette aventure.

Jean n'oublie pas de me déboucher une bonne bière allemande, sortie de la glace. C'était une demande faite au moment du départ de Wadern, pour plaisanter. Quoiqu'on ne plaisante pas avec ces choses-là ! Je lève ainsi ma chope à tous ceux avec qui j'ai le plaisir de partager cet instant.

J'ai quelques fans qui sont là aussi. De vieux amis, des membres de ma famille, de mes nouveaux amis trouvés en chemin, car bon nombre de rencontres sont inoubliables, merci à Christine et Alain de Byans-sur-Doubs d'être venus en famille, et des « admirateurs » de ce qui leur semble être une prouesse. Je ne mérite pas tant d'honneur.

Je n'ai fait que marcher. Seulement marcher pendant 60 jours. Et penser, penser encore, penser toujours.

Je suis arrivé au bout de ma troisième traversée. Je ressens une douce mélancolie mêlée à une réelle gratitude. Chacun de mes deux millions de pas m'a rapproché de moi-même autant que de ma destination. Je termine en ayant fait le plein de sensations heureuses, en ayant retrouvé les bienfaits du mouvement, le plaisir d'avancer au gré du vent, de la pluie ou du soleil.

Ce voyage n'a pas été qu'une aventure géographique. Il m'a confronté à des doutes, des douleurs parfois, mais aussi à des émerveillements. C'est sans surprise, car j'ai maintenant l'expérience de ces longues journées répétées de marche en solitaire. Je les sais radieuses, mais parfois ingrates. Chaque montée difficile, chaque détour imprévu, chaque coup de fatigue surmonté est une leçon d'humilité. En cela, mon voyage a été introspectif. Au fur et à mesure que le corps trouvait son rythme, l'esprit trouvait sa plénitude. Et chaque rencontre de tout ce qui bouge, respire, tremble ou frémit est une célébration du vivant. Et se percevoir soi-même aussi intensément vivant, dans un monde entièrement, infiniment vivant, est une source de bonheur sans nul autre pareil.

Bien sûr et surtout, je garde précieusement le souvenir des belles personnes qui ont croisé ma route : des sourires accueillants, des émotions partagées, des mots tout simples échangés autour d'une table d'hôte ou sur le bord du sentier. Tant de bienveillance qui a donné à mon épopée une humanité précieuse.

Il serait vain de penser que cette modeste aventure changera le monde ou résoudra mes contradictions face aux défis écologiques qui me préoccupent. Marcher m'a toutefois réconcilié, au moins momentanément, avec ma conscience qui voudrait tant me convaincre d'être plus vertueux, plus respectueux de la vie, plus engagé pour les générations futures.

Je repense à ce précepte des randonneurs au long cours qui dit que l'on part pour une raison, et que l'on arrive pour une autre. Ce que je cherchais en quittant Wadern n'a plus d'importance. Ce que j'ai trouvé tout au long du chemin a bien plus de valeur : une paix intérieure, la liberté d'aller et la certitude d'une lente et bénéfique métamorphose corporelle et spirituelle.

Alors, non, comme Jean-Jacques Rousseau, je ne saurais arriver. Et c'est peut-être cela, qu'il faut que je retienne de ma traversée enchantée.

Je ne suis pas arrivé ; j'ai encore tant à parcourir.

Bibliographie

Patrice Franceschi, « *L'aventure, Le choix d'une vie* », Points, 2017.
Frédéric Gros, « *Marcher, une philosophie* », Champs ^{essais}, 2011.
David Le Breton, « *Éloge de la marche* », Métailié, 2000.
David Le Breton, « *Marcher Éloge des chemins et de la lenteur* », Métailié, 2012.
Sven Ortoli, *« Marcher avec les philosophes »,* Philosophie magazine Editeur, 2018
Sylvain Tesson, « *Petit traité sur l'immensité du monde* », Ed. des Equateurs, 2005.
Sylvain Tesson, « *Sur les chemins noirs* », Gallimard, 2016.
Nicolas Truong « *Philosophie de la marche* », Le monde / Ed. de l'Aube, 2018.

Table des matières

Lundi 3 juin – de Montmorillon à Wadern (en auto) 21
Mercredi 5 juin – de Wadern à Lebach (Allemagne) 26
Jeudi 6 juin – de Lebach à Sarrebruck (Allemagne) 28
Vendredi 7 juin – de Sarrebruck à Zetting 30
Samedi 8 juin – de Zetting à Vœllerdingen 34
Dimanche 9 juin – de Vœllerdingen à La Petite Pierre 36
Lundi 10 juin – de La Petite Pierre à Saverne 39
Mardi 11 juin – de Saverne à Dabo 42
Mercredi 12 juin – de Dabo à Lutzelhouse 46
Jeudi 13 juin – de Lutzelhouse à Bellefosse 49
Vendredi 14 juin – de Bellefosse à Fouchy 52
Samedi 15 juin – de Fouchy à Sainte-Marie-aux-Mines 55
Dimanche 16 juin – de Sainte-Marie-aux-Mines à Le Bonhomme 57
Lundi 17 juin – de Le Bonhomme à Le Hohneck 60
Mardi 18 juin – de Le Hohneck à Ranspach 64
Mercredi 19 juin – de Ranspach à Sewen 68
Jeudi 20 juin – de Sewen à Cravanche 71
Vendredi 21 juin – de Cravanche à Châtenois-les-Forges 74
Samedi 22 juin – de Châtenois-les-Forges à Valentigney 76
Dimanche 23 juin – de Valentigney à Saint-Hippolyte 78
Lundi 24 juin – de Saint-Hippolyte à Goumois 84
Mardi 25 juin – de Goumois à Fournet-Blancheroche 88
Mercredi 26 juin – de Fournet-Blancheroche à Villers-le-Lac 92
Jeudi 27 juin – de Villers-le-Lac à Le Rozet 96
Vendredi 28 juin – de Le Rozet à Hauterive-la-Fresse 100
Samedi 29 juin – de Hauterive-la-Fresse à Pontarlier 102
Dimanche 30 juin – de Pontarlier à Mouthier-Haute-Pierre..............................105
Lundi 1er juillet – de Mouthier-Haute-Pierre à Ornans 111
Mardi 2 juillet – d'Ornans à Saône 114
Mercredi 3 juillet – de Saône à Besançon 118
Jeudi 4 juillet – de Besançon à Byans-sur-Doubs 122

Vendredi 5 juillet – de Byans-sur-Doubs à Chissey-sur-Loue	126
Samedi 6 juillet – de Chissey-sur-Loue à Dole	132
Dimanche 7 juillet – de Dole à Losne	138
Lundi 8 juillet – de Losne à Nuits-Saint-Georges	142
Mardi 9 juillet – de Nuits-Saint-Georges à Marsannay-la-Côte	146
Mercredi 10 juillet – de Marsannay-la-Côte à Villers-la-Faye	150
Jeudi 11 juillet – de Villers-la-Faye à Beaune	154
Vendredi 12 juillet – de Beaune à Chagny	158
Samedi 13 juillet – de Chagny à Couches	162
Dimanche 14 juillet – de Couches à Antully	164
Lundi 15 juillet – d'Antully à Autun	168
Mardi 16 juillet – d'Autun à Laizy	170
Mercredi 17 juillet – de Laizy à Montjouan	172
Jeudi 18 juillet – de Montjouan à Moulins-Engilbert	178
Vendredi 19 juillet – de Moulins-Engilbert à Cercy-la-Tour	181
Samedi 20 juillet – de Cercy-la-Tour à Decize	186
Dimanche 21 juillet – de Decize à Imphy	190
Lundi 22 juillet – d'Imphy à Cuffy	192
Mardi 23 juillet – de Cuffy à Sancoins	198
Mercredi 24 juillet – de Sancoins à Ainay-le-Château	202
Jeudi 25 juillet – d'Ainay-le-Château à Orval	204
Vendredi 26 juillet – d'Orval à Le Châtelet	206
Samedi 27 juillet – de Le Châtelet à Châteaumeillant	210
Dimanche 28 juillet – de Châteaumeillant à La Châtre	214
Lundi 29 juillet – de La Châtre à Neuvy-Saint-Sépulchre	218
Mardi 30 juillet – de Neuvy-Saint-Sépulchre à Gargilesse-Dampierre	224
Mercredi 31 juillet – de Gargilesse-Dampierre à Sacierges-Saint-Martin	228
Jeudi 1er août – de Sacierges-Saint-Martin à Lignac	230
Vendredi 2 août – de Lignac à Brigueil-le-Chantre	234
Samedi 3 août – de Brigueil-le-Chantre à Montmorillon	238
Bibliographie	243